30대를 위한 논어

30대를 위한 논어

일과 인간관계의
토대를 쌓는 실천의 말 100가지

사이토 다카시 지음
김윤경 옮김

타인의사유

비즈니스에 빛을 더하는 실천의 《논어》

30대는 인생의 결실을 맺기 위해 필요한 토대를 다지는 매우 중요한 연령대이다. 《논어》에 나오는 '삼십이립(서른 살에 자립한다)'이라는 말처럼, 30대는 직장에서 슬슬 자리를 잡는 시기다. 또한 사적으로는 독립하거나 결혼하고 아이를 갖는 등 새로운 생활 기반을 형성하는 때이기도 하다. 자신만의 확고한 삶의 방식을 갖춰 가는 시기라고 할 수 있다.

이때 어떠한 생각과 가치관, 윤리관으로 살아가겠다는 기준이 무척 중요하다. 이러한 기준이 없으면, 다양한 변수와 격랑을 만났을 때 정신적으로 흔들리거나 계획 없이 행동하기 쉽다. 그 결과 흔들리고 또 흔들려 제대로 된 자립은커녕, 어느 순간 이룬 것 하나 없이 나이만 먹는 비참한 상황이 벌어질 수 있다.

그래서 나는 30대가 《논어》를 정신적 버팀목으로 삼아 흔들림이 없는 인생의 근간을 만들었으면 하는 마음에서 이 책을 썼다. 《논어》는 인생 전반에서 다양한 행동 지침을 제시해 주는 최고의 고전이기 때문이다.

이 책을 읽을 때는 공자의 말 한마디 한마디를 현재 자신의 상황과 경험에 대비시킨 뒤, 그 의미를 되새기고 실천하는 것을 목표로 해 보자. 다시 말해 공자의 말씀을 기술화하여 몸에 익히는 것이다. 그렇게 익힌 기술을 업무와 인간관계 속에서 자유자재로 활용할 수 있다면, 《논어》는 인생의 어떤 상황에서도 정신적 버팀목이 되어 틀림없이 유용하게 작용할 것이다.

모든 내용을 완벽하게 숙지하겠다고 두 주먹을 불끈 쥐지 않아도 된다. 그냥 '이번 주는 지자불혹(지혜로운 자는 미혹되지 않는다)을 익히자', '이번 달은 인자불우(인격을 갖춘 자는 걱정하지 않는다)를 의식해야지', '올해는 중용의 덕을 습관처럼 실천해야겠어' 하는 식으로 현재의 자신에게 목표가 될 만한 몇 가지 말을 선택해서 메모해 두는 식이면 충분하다. 그렇게 해서 30대에 《논어》의 말을 새기며 행동하면 마음의 습관으로 자리 잡을 수 있고, 이 습관은 이후의 인생을 단단히 지탱해 주는 강인한 정신력으로 이어질 것이다.

이 책에서는 특히 한창 성장하고 발돋움할 시기인 30대에 도움이 되는 공자의 말을 중심으로 선별해 엮었으니, '실천하는 논어'로써 현명하게 활용하길 바란다. 30대인 지금이야말로 《논어》를 배울 가장 좋은 때이다.

사이토 다카시

차례

2장 삶의 기준을 똑바로 세우기 위한 가르침

3장 사람을 만나고 대할 때 꼭 알아야 할 가르침

4장 능력을 키우고 제대로 펼치기 위한 가르침

5장 목표를 향해 달려갈 때 힘이 되어 주는 가르침

1장

배움과 성장의
의미를 되새기는 가르침

{1}

모든 경험과 관계가
성장의 토대이다

學而時習之 不亦說乎
학 이 시 습 지   불 역 열 호

有朋自遠方來 不亦樂乎
유 붕 자 원 방 래   불 역 락 호

人不知而不慍 不亦君子乎
인 부 지 이 불 온   불 역 군 자 호

배우고 제때 익히니 또한 기쁘지 아니한가. 친구가 있어 멀리서 찾아오니 또한 기쁘지 아니한가. 세상 사람들이 알아주지 않아도 화를 내거나 원망하지 않으니, 또한 군자답지 아니한가.

◆ 30대는 '사회라는 책'을 읽는 시기

근대 철학의 시조로 불리는 프랑스 철학자 데카르트는 공부를 잘했던 인물이었다. 그는 어렸을 때부터 수많은 책을 섭렵했고, 성인이 되자 '세계라는 커다란 책을 읽겠다'라는 마음으로 여러 나라를 돌아보는 여행길에 올랐다. 이 여행을 통해 그는 자신의 사명을 발견했고, 철학에 본격적으로 매진하게 됐다고 한다. 나는 이 이야기를 들었을 때, 그렇다면 30대란 '사회라는 책'을 읽는 시기가 아닐까 하는 생각을 했다.

◆ 사회에서의 모든 경험을 성장의 양식으로

사회인으로서의 성장이라는 관점에서 공자의 말을 읽으면 그 의미가 남다르다. 그동안 일을 하면서 자신이 의도한 대로 되지 않았던 경험도 많이 겪었을 테고, 갖가지 상황에서 자신이 얼마나 미숙한지 통감하기도 했을 것이다. 이때 그 모든 경험을 기쁘게 받아들이고 성장의 양식으로 삼는 것이야말로 젊은 시절의 배움이다.

얼마 전에 한 제자가 결혼 소식을 알려 왔다. '학생 때는 제가 결혼할 수 있을 거라고 생각하지 못했습니다'라고 쓰인 글귀를 보면서, 나는 그가 많이 성장했음을 느꼈다. 사실 그는 커뮤니케이션에 매우 서툰 타입이었고 스스로도 이 사실을 잘 알고 있었다. 우려했던 대로 졸업 후엔 직장에서 잘 적응하지 못해 몇 번씩 이직하는 등 상당히 고전한 모양이었다. 하지만 그는 사회생활에 어려움을 겪는 이유를 사회나 회사의 탓으로 돌리지 않았다. 기가 죽거나 낙담하지도 않았고, 오히려 곤경을 겪는 동안 많은 것을 배우려고 애썼다. 그런 성장통을 겪으며 그는 다른 사람과 능숙하게 의사소통을 하는 사람으로 성장할 수 있었다. 사회라는 책을 읽는 것은 분명 냉엄하고 힘든 작업이지만, 이를 잘 활용하면 확실한 자양분이 될 수 있다.

◆ 오랜 친구와의 관계를 통해 성장을 실감한다

자신의 성장은 좀처럼 실감하기가 어렵다. 하루하루 조금씩 성장하므로 자신은 물론 주위 사람들도 그 성장 폭을 알기가 어렵다.

하지만 오랜만에 만나는 친구는 다르다. 나의 옛날 모습을 알고 있는 만큼 만나지 못했던 몇 년 사이에 생긴 변화를 바로 알아차린다. 그러므로 오랜 친구와 만나 옛정을 나누는 시간은 추억에 잠겨 편안한 기쁨을 얻을 수 있는 시간일 뿐만 아니라 자신이 성장했음을 실감할 수 있는 좋은 기회이기도 하다.

누구나 "달라졌네. 성장했어" 하는 말을 들으면 기쁠 것이다. 술이라도 한잔 주고받으며 이야기를 나누는 동안에, 서로가 서로의 변함없는 부분 그리고 달라진 부분을 알 수 있다. 그것은 자신의 과거와 현재가 이어져 있다는 사실을 일깨우는 작업이다. 그렇게 내적인 일관성을 느끼는 일은 자신의 정체성을 안정시켜 준다.

'유붕자원방래有朋自遠方來(친구가 멀리서 찾아온다)'라고 했다. 지금은 이메일이나 SNS 덕분에 멀리 있는 옛 친구와의 심리적 거리가 더 가까워졌다. 가끔씩 만나 서로의 성장을 지켜보고, 그렇게 자신의 성장을 실감하면서 한층 더 발전을 추구해 나가는 일, 30대에 옛 친구와 따뜻한 정을 나누는 만남은 이런 느낌이어도 좋지 않을까.

◆ 남들이 나를 알아주지 않아도 원망하지 않는다

주위에서 아무도 자신의 변화와 성장을 높이 평가해 주지 않는다는 건 상당히 괴로운 일이다. 이때 중요한 것은 '인부지이불온人不知而不慍', 남이 알아주지 않더라도 원망하지 않는 마음가짐이다. '주위 사람들이 어떻게 생각하든 나는 분명히 성장하고 있다'는 자신감으로 스스로를 바로 세우거나 혹은 사회적 경험치가 높은 사람에게 신뢰를 얻어 친화력 있게 지낸다면 역경을 이겨 낼 수 있는 인내심을 기를 수 있다.

같은 또래의 사람들과만 어울리면서 서로 격려하고 함께하다 보면, '지금 이대로도 충분해' 하고 적당히 타협하여 안주하는 방향으로 흘러가기 쉽다. 풍부한 사회 경험을 통해 지혜를 갖춘 인생 선배의 조언이 귀중하다는 사실을 잊지 말고 적극적으로 다양한 관계를 맺도록 하자.

배웠으면 생각할 것, 생각하려면 배울 것

위정편 15장

學而不思則罔 思而不學則殆
학 이 불 사 즉 망 사 이 불 학 즉 태

배우기만 하고 생각하지 않으면 얻는 게 없고, 생각하기만 하고 배우지 않으면 위험하다.

◆ 자신의 업무에 접목해서 사고하라

20대에는 아직 학생 때의 습성과 기분이 다 빠지지 않았을뿐더러, 이런저런 주변 환경이나 좋아하는 일에 마음을 빼앗기는 일이 많다. 하지만 30대가 되면 책이나 다른 사람에게 배운 각종 정보와 지식을 자신의 일에 쏟아부어 접목하려는 의식이 중요하다. 이때 빛을 발하는 말이 바로 배우고 사고하라는 공자의 가르침이다.

◆ 배움과 사고를 양 바퀴 삼아 일하라

공자는 '배우는 것과 생각하는 것을 양 바퀴로 삼아 일해라, 그렇게 살아가라' 하고 강조했다. 이를테면 책을 읽고 정말 유익했다고 만족해하면서 그걸로 끝인 경우가 있다. 어떤 일이나 문제에 관해 열심히 생각했어도 거기에서 더 이상 발전하지 못하면, 오히려 쓸데없는 생각으로 시간만 낭비한 꼴이다. 그래서는 아무 의미가 없다. 배우고 생각한 내용이 일과 인생에 도움이 되게끔 적극적으로 활용해야 한다.

그러므로 지식을 얻기 위해 책을 읽을 때는 항상 '내가 하는 일에 어떻게 활용할 수 있을까?' 하는 점을 염두에 두고 읽어야 한다. 그렇게 해야 그저 머리로만 아는 사람이 되지 않고, 행동력을 동반한 지식을 얻을 수 있다.

◆ 1년에 100권 읽기에 도전하는 30분 독서

그런 의미에서 자신이 직업으로 삼은 일에 접목해서 생각하기 좋거나 업무에 유용한 책을 골라 읽어 보자. 사고를 깊게 하는 데는 독서가 큰 도움이 된다. 신간을 중심으로 일주일에 최소한 2권씩, 1년에 100권 정도 읽기를 권한다. 생각해야 할 주제를 정하고 그와 관계없는 부분을 건너뛰는 식으로 읽는다면, 그 정도 분량도 충분히 가능하다. 1권에 30분만 투자한다는 마음가짐이면 된다.

그렇게 해서 자신이 하는 일과 연관 지어 책을 읽으면 일에 쏟는 에너지가 한층 증대되고, 그만큼 업무 능력도 향상된다. 인터넷 정보나 텔레비전 또는 취미도 일에 활용할 수 있지 않을까 하는 관점에서 접하면, 목표를 향해 뚫고 나가는 에너지가 더욱 커진다.

{3}

알고 있다는 것은
무엇인가

由 誨女知之乎
유 회 여 지 지 호

知之爲知之 不知爲不知是知也
지 지 위 지 지 부 지 위 부 지 시 지 야

자로야, 네게 안다는 것이 무엇인지를 가르쳐 주마. 아는
것은 안다고 말하고 모르는 것은 모른다고 말해야, 진정
아는 것이다.

◆ 프로의 기준은 무엇인가

공자의 이 말은 '뭐든지 알고 있다고 생각하지는 않는가?', '뭐든지 할 수 있다고 믿고 있는 것은 아닌가?' 하는 물음이기도 하다. 가장 기본적인 의미는 '어설프게 아는 척하지 말고 겸손하게 자신의 무지를 받아들여 공부하라' 하는 것이다. 하지만 나는 조금 더 그 의미를 곱씹어 '진정으로 알고 있다고 말할 수 있을 때까지 지치지 않고 꾸준히 탐구하는 것이 중요하다'라고 덧붙이고 싶다.

◆ '할 수 있다'와 '할 수 없다'의 경계선

과학자의 일은 평생에 걸쳐 알고 있는 것과 모르는 것 사이에 있는 경계선을 명확히 하고, 알고 있는 영역을 조금씩 넓혀 가는 작업이다. 과학자의 이러한 자세는 다른 모든 일에도 통한다. '안다'라는 말을 '할 수 있다'로 바꿔 생각해 보자. 자신이 무엇을 할 수 없는지를 모르고서는 할 수 있는 일을 늘려 갈 수 없다. 일을 잘하는 사람은 항상 그 경계선을 의식하고 그것을 옮겨 가면서 자신의 역량을 키워 나간다.

◆ 연수입의 3배 매출을 내고 있는가

자신이 어떤 일을 할 수 없는지를 알려면 프로의 기준을 적용해 보는 것도 좋은 방법이다. 프로의 기준이란 회사에 이익을 가져다주는 일을 하고 돈을 받고 있느냐 아니냐다. 부서에 따라 다르기는 하지만 직장인의 경우 한 해에 연봉의 3배를 벌어들이는 수준을 한 가지 기준으로 본다.

이런 기준을 통해 그 일을 할 수 있는지 없는지 판단을 내리는 것은 30대에 필요한 중요한 능력이다. 만약 자신의 역량으로는 할 수 없는 일이라고 판단했다면, 자신이 할 수 있는 다른 일에 더 많은 에너지를 쏟는 선택을 할 수도 있다.

다만 자신의 가능성을 좁혀서는 안 되므로, '이 일을 잘하면 5년 후의 전망이 활짝 열릴 것 같다'라고 생각되는 일에는 도전해야 한다. 컴퓨터 프로그래밍을 예로 들자면, 전망이 좋은 기술과 경험을 조금씩 쌓아 둔다. 그러면 나중에는 그 일의 양과 질에 큰 차이가 발생하게 되고, 40대 이후에는 나만의 무기가 될 수 있다. 일의 역량과 영역을 늘릴 수 있느냐 없느냐, 그 갈림길의 선택이 30대의 몫이다. 그런 의미에서도 지금 자신이 할 수 없는 일이 무엇인지를 알아두는 것이 중요하다.

정보에 휘둘리지 않아야 신뢰를 얻는다

多聞闕疑 愼言其餘則寡尤
다 문 궐 의 신 언 기 여 즉 과 우

多見闕殆 愼行其餘則寡悔
다 견 궐 태 신 행 기 여 즉 과 회

言寡尤 行寡悔 祿在其中矣
언 과 우 행 과 회 녹 재 기 중 의

많이 듣고서 미심쩍은 일을 뺀 나머지만 신중하게 말하면 비난받을 일이 적어진다. 많이 보고서 위태로운 일을 뺀 나머지만 신중하게 행하면 후회가 적어진다. 말에 허물이 적고 행동에 후회가 줄어들면, 관직이 그 가운데 있다.

◆ 성공을 위한 신뢰 쌓기의 기본

이 말은 자장이라는 젊은 제자가 "스승님, 벼슬을 얻으려면 어떻게 해야 합니까?"라고 질문한 데 대한 공자의 답변이다. 요컨대 신중하게 말하고 행실을 조심해서 신용을 쌓으면 출세가 보인다는 의미다.

◆ 정보는 얻는 것보다 깊이 생각하는 것이 중요

일적으로나 사회적으로 좀 더 빨리 성장해서 자리 잡기를 욕심내다 보면, 자꾸만 정보를 얻는 데 치중하게 된다. 하지만 정보의 양이 폭발적으로 증가하고 있는 현대에는 얼마나 많은 정보를 입수하느냐보다 그 정보의 카오스 중에서 어떤 정보를 선택하느냐가 더 중요하다.

자신이 보고 들은 정보를 무작정 받아들이면 판단에 오류가 생겨 주위 사람들에게 "그 사람이 하는 말은 정확하지가 않아" 하고 신뢰받지 못하는 상황이 발생한다. 공자의 말처럼 정보를 깊이 생각해 선별하는 작업 없이는 일 또한 결코 잘할 수 없다.

30대에 갖가지 정보에 휘둘리기만 하는 생각 없는 사람이라는 평판을 듣는다면 이는 장래에 치명타가 될 수 있다. 당사자는 자신이 정보통이라고 자신하며 상황의 심각성을 깨닫지 못하는 경우가 많은데, 시간이 갈수록 중요한 일이 점차 줄어들 게 분명하다. 신중하지 못한 사람에게 일을 맡길 수 없는 건 당연한 이치이기 때문이다.

모호한 정보에 일일이 반응하지 말고 확실한 정보를 바탕으로 일을 해 나가야 한다. 미심쩍거나 위험할 수 있는 정보를 배제하고 말과 행동을 조심하는 날들이 축적될 때, 신용이 쌓이는 것이다.

◆ 의견을 낼 때도 신중할 것

이런 태도는 의견을 낼 때도 마찬가지다. '언과우 행과회言寡尤 行寡悔(발언에 실수가 적어야 행동에 후회할 일이 적다)'라고 했다. 그저 생각나는 대로 툭툭 말해서는 좋은 결과를 낼 수 없다. 30대 정도가 되면 회의에서도 발언의 질을 기대받기 마련이므로, 확실한 정보를 토대로 의견을 내야 신뢰를 얻을 수 있다.

회의에서 의견을 말하거나 질문할 때, 미리 세 가지 패턴을 준비하는 것이 좋다. 키워드만이라도 메모해 두고 세 가지 패턴 중에서 가장 좋은 안을 선택하는 방식이다. 또는 회의 중에 다른 사람들의 발언을 전부 들으면서 '이런 의견을 내면 좋겠군, 이런 질문을 해야지' 하고 생각하며 메모하는 방법도 있다. 글로 적어 놓으면 과연 의미 있는 일인지, 어디에 도움이 되는지를 깊이 생각하면서 발언할 수 있다.

일류에게 배울 기회를 놓치지 말 것

이인편 8장

朝聞道 夕死可矣
조 문 도 석 사 가 의

아침에 참된 이치를 깨달으면 당장 죽어도 여한이 없다.

◆ 각오를 다지고 일류에게 배운다

30대는 이 구절에서 공자가 말하는 도, 즉 '깨달음'을 일에 대입시켜 생각해 볼 수 있다. '일을 최고 수준으로 해내기 위한 원리' 정도로 이해하면 된다.

일에서 깨달음을 얻는다는 것은 일의 본질을 파악한다는 뜻이다. 물론 쉽지 않다. 어중간하게 해서 될 일도 아니거니와 그야말로 제대로 배우겠다는 각오를 다져야 한다. 그렇다면 어떻게 해야 제대로 배울 수 있을까. 가장 좋은 방법은 그 분야에서 최고의 자리에 올라 있는 일류에게 배우는 것이다. 이때 '죽어도 배우고 말 거야' 하는 강한 의지로 부딪혀야 한다. 그 정도로 단단히 각오가 되어 있어야 그 일류의 인물도 제대로 가르쳐 주겠다는 마음이 생길 것이다.

◆ 상사에게 자리를 청한다

만약 사내에 매우 유능한 상사나 선배가 있다면, 그 사람에게 배움을 청하는 것도 한 가지 좋은 방법이다. 간절한 마음으로 부탁하면 싫어할 사람은 없다. 배우고 싶은 열의를 내보이면 대부분 기뻐하기 마련이다. 최근에는 술자리를 제안해도 다들 거절한다며 아쉬워하는 상사가 많으므로, 술자리를 청하는 것도 생각해 볼 수 있다.

예전에 프로야구 주니치 드래건스팀에서 감독을 지낸 오치아이 히로미쓰 씨가 내게 "와서 물어보면 가르쳐 줄 텐데 아무도 오질 않아요" 하고 푸념한 적이 있다. 오치아이 감독 같은 배팅의 달인에게 배우면 결정적인 조언을 얻을 수 있을 텐데, 왜 아무도 그런 기회를 살리지 못하는지 안타까웠던 기억이 난다.

일류들의 한마디는 그 분야의 경지로 통하는 귀중한 가르침이다. 새로운 길을 열어 줄 일류와의 만남을 소중히 여기고 기회를 살려 비법을 배워 나가면 30대의 성장은 틀림없이 가속될 것이다.

6

나는 안주하는 사람인가, 나아가려는 사람인가

옹야편 2장

有顔回者 好學 不遷怒 不貳過
유 안 회 자 호 학 불 천 노 불 이 과

不幸短命死矣 今也則亡 未聞好學者也
불 행 단 명 사 의 금 야 즉 무 미 문 호 학 자 야

안회라는 제자가 배움을 좋아하여, 화가 나도 남에게 화풀이하는 일이 없었으며 같은 잘못을 두 번 저지르지 않았다. 불행히도 단명하여 이 세상에 없으니, 그 후론 아직 배움을 좋아한다고 할 만한 이를 들어 본 적이 없다.

◆ 안주하는 사람과 나아가려는 사람

  30대 중반이 넘어가면 자신이 하는 일에 익숙해지므로 어느 정도 현상을 유지하면서 안주하려는 경향이 있다. 반면에 무슨 일을 해도 재미있어 하면서 지금보다 더 발전하려고 노력하며, 여러 가지 일에 의욕적으로 매진해 눈부신 성장을 이루는 사람도 있다. 이로 인한 차이는 매우 크다. 향상심을 어디까지 설정하느냐에 따라 40대 이후의 일과 지위가 결정된다고 해도 과언이 아니다.

◆ 향상심이 있는 사람은 신뢰받는다

  공자는 제자가 많았지만, 그중에서도 안회라는 제자를 가장 높이 평가했다. 위의 구절에서는 공자가 왜 안회를 높이 평가했는지 그 이유를 설명하고 있는데, 저 구절만 보면 '뭐야, 겨우 그거야? 별거 없네. 특별한 천재도 아니잖아' 하고 생각할 수도 있다. 하지만 같은 잘못을 두 번 저지르지 않았다는 것은 스스로를 반성하고 돌아보며 자신이 배운 것을 철저히 익혔다는 의미다. 공자는 이렇게 더 나은 사람이 되기 위한 향상심을 중요하게 여겼다.
  일 처리를 실수 없이 확실하게 하는 유형은 회사에서도 승승장구하는 경우가 많다. 하지만 더 중요한 것은 실수를 하더라도 자신의 감정을 절제할 줄 알고 잘못을 살펴서 같은 실수를 되풀이하지 않는 것이다. 이런 사람이 윗사람에게도 사랑과 신뢰를 받는 까닭은 진지하게 배우려고 하는 향상심이 있기 때문이다.

조직에 단 한 사람이라도 향상심 있는 사람이 존재하면 분위기가 단번에 달라진다. 30대는 리더로서의 자질을 연마하는 시기이기도 하니, 자신의 향상심으로 다른 사람들을 이끌어 갈 기개가 필요하다.

◆ 금전보다는 성장을 위한 선택

안회는 학문을 좋아하면서도 대가를 추구하지 않았기에 가난한 삶을 살았고, 공자는 빈곤한 삶을 살면서도 도를 실천하는 안회를 매우 높이 평가했다. 개인적으로는 청빈을 추구하는 자세를 그리 좋아하지 않기 때문에, 안회처럼 살라고 말하고 싶지는 않다. 하지만 이 사례를 현대에 적용해 또 다른 교훈을 얻을 수는 있다. '일을 할 때 당장의 보수보다는 자신의 성장을 우선시하는 선택을 하라' 정도로 이해하면 어떨까. 이런 기준을 가지고 행동하면 능력이 향상되어 더 좋은 성과를 올릴 수 있게 되므로, 자연히 보수도 올라가는 법이다.

7

좋아하는 사람은 즐기는 사람에 미치지 못한다

옹야편 18장

知之者不如好之者 好之者不如樂之者
지 지 자 불 여 호 지 자　호 지 자 불 여 락 지 자

아는 사람은 좋아하는 사람에 미치지 못하고, 좋아하는 사람은 즐기는 사람에 미치지 못한다.

◆ 일을 즐겁게 하고 있는가

"일을 즐겁게 하고 있나요?" 하는 질문을 받았을 때 어떻게 대답하겠는가? "그냥 그렇죠, 뭐"라는 대답은 그다지 바람직하지 못하다. 30대에 이렇게 활력이 없이 대답하는 사람이라면, 일하는 패턴을 완전히 바꿀 필요가 있다.

◆ 미션을 완수하는 긴장감을 즐겨라

30대 후반으로 접어들수록 일이 몸에 익어 완전히 익숙해진다. 매우 바람직한 현상이지만 그럴수록 일을 즐기기는 조금 어려워진다. 고생하지 않고 편하게 할 수 있는 일이 늘어나다 보면, 어느새 일이 시시해져 의욕을 잃거나 '일하는 건 그럭저럭 좋아한다' 수준을 간신히 유지하게 된다.

하지만 공자는 일을 즐기는 사람을 최상이라고 일컬었다. 좋아한다고 생각하는 정도가 취미 수준이라면 그 선을 넘어서 적극적으로 일을 '즐기는' 영역을 목표로 해 보자. 어렵고 압박감이 있는 업무를 맡았을 때 느껴지는 긴장감을 즐기는 것이다.

◆ **일을 적극적으로 해치워 나간다**

디자인 업계에서 최고로 불리는 사토 가시와 씨가 〈펜〉이라는 잡지와 인터뷰를 할 때였다. 그는 유니클로가 뉴욕에 플래그십 스토어를 낼 때 이를 브랜딩하는 업무를 맡았는데, 인터뷰에서 그 소감을 이렇게 밝혔다. "건방진 얘기일지는 모르겠지만 솔직히 제가 적임이라고 생각했습니다. 미션을 완벽히 수행하지 않았나 싶어요." 압박감이 굉장히 컸을 텐데도, 그는 어려운 미션을 짊어지고 일하는 것이 더할 나위 없이 즐거웠던 모양이다.

즐기며 일하는 습관이 들면 어려운 미션을 만날수록 열정이 끊임없이 솟아난다. 적극적으로 일을 '해치워' 나갈 수 있으며, 게다가 즐겁게 일하다 보면 그 즐거움이 주위에도 고스란히 전해져 조직이나 현장에 활기가 넘치게 된다.

일에 대한 의욕과 열의를 가지고 있는가

술이편 8장

不憤 不啓 不悱 不發 擧一隅
불 분 불 계 불 비 불 발 거 일 우

不以三隅反 則不復也
불 이 삼 우 반 즉 불 부 야

알고 싶어서 노력하지 않으면 가르쳐 주지 않고, 애태워하지 않으면 말해 주지 않는다. 한 귀퉁이를 들어 보여 줘도 다른 세 귀퉁이를 추측하지 못하면 더는 일러 주지 않는다.

◆ 제대로 배우려면 의욕이 있어야 한다

유추해서 알려고 하는 마음가짐이 없는 자는 아직 배울 수준에 이르지 못한 것이다. 가르침을 받으려면 받을 만큼의 기본 바탕이 필요하다. 또한 무언가를 배우고자 하는 열의가 강한 사람은 가르치는 사람의 '가르쳐 주고 싶은 욕구'에 불을 붙인다. 반면에 공자식으로 엄격히 말하면, 의욕과 열의가 없는 사람은 가르쳐 줘도 소용없다는 생각이 들게 한다. 그런 의미에서 상사가 자신을 인정하지 않는다며 불만을 품고 있는 사람이 있다면, 분발하고자 하는 의욕이 부족하지 않았는지 돌아봐야 한다.

◆ 자극을 받아 분발한다

최근 자신의 모습을 돌아보았을 때 계속해서 의욕이 생기지 않았다면 그것은 자극이 부족한 탓일지도 모른다. 일에 익숙해지면 타성에 젖거나 매너리즘에 빠지기 쉽다. 그런 상태가 되었다면 인생에서 일에 대한 만족감이 점점 사그라들 수밖에 없으니 적극적으로 자극을 추구해야 한다.

그리 어려운 일은 아니다. 예를 들어 같은 회사나 거래처 사람, 혹은 동년배인 유명인도 좋으니, 누군가를 정해 자신의 라이벌로 삼아 자극을 받을 수 있다. '나랑 같은 또래인데 이렇게 노력하는 사람이 있구나!', '저 선배 정말 일 잘하는걸!' 하면서 대단하다고 느끼는 유쾌한 자극도 좋고, 반대로 불쾌한 자극도 좋다. '왜 저런 녀석이 높은 평가를 받는 거지?', '내가 저 프로젝트 멤버로 뽑히지 못한 건 너무 아쉬워' 하는 부정적인 감정이 생긴다면 이 또한 좋은 자극이 될 수 있다. 읽기 쉬운 비즈니스 서적을 대략 훑으며 읽어 보는 것도 자극이 된다.

◆ 배운 내용에 상상력을 동원하라

여기서 공자가 강조하고 있는 또 한 가지는 배울 때의 자세인데, 하나를 들으면 둘 셋을 이해할 줄 아는 상상력을 강조했다. 요컨대 이는 유추하면서 이야기를 듣는 자세를 뜻한다.

배우는 내용을 듣기만 해서는 수동적인 학습에 지나지 않는다. 중요한 내용을 하나 배우면 '이 상황에서도 응용할 수 있겠는걸', '반대의 경우에는 이렇게 하면 좋겠군' 하고 유추하면서 들어야 한다. 그러면 한층 더 깊은 가르침을 얻을 수 있다. 이 또한 배움에 대한 적극성을 표현하는 자세라고 할 수 있다.

'이쯤이면 됐다'고
타협하지 않는다

태백편 17장

學如不及 猶恐失之
학 여 불 급 유 공 실 지

배울 때는 이르지 못한 것처럼 하고, 배운 것은 잃지 않을
지 두려워해야 한다.

◆ 항상 높은 곳을 목표로 하라

배움은 끝없이 추구해야 하며 더 나아가 배운 것을 잊지는 않았는지 두려워하는 마음가짐으로 힘써야 한다. 세계적인 홈런왕 오 사다하루 씨가 현역으로 활동하던 때의 일이다. 그는 시즌 전이면 언제나 '홈런을 1개도 치지 못하면 어떡하지?' 하는 고민을 했다고 한다. 누가 봐도 압도적으로 뛰어난 실력을 가지고 있었지만, 결코 방심하지 않았던 것이다. 덕분에 그는 매일 꾸준히 연습에 몰두할 수 있었다.

오 사다하루 씨 같은 실력자도 그러하거늘, 일에서 조금 성과를 냈다고 해서 방심해서는 안 될 일이다. 특히 젊은 시절에는 목표를 더 높은 곳에 두고 매진해야 한다. '이걸로 됐어' 하고 안주하는 순간, 성장은 멈추고 만다.

◆ 두려움은 긴장감이다

위 구절에서 공자가 말하는 '두려움'은 '긴장감'이라고 바꿔 말할 수 있다. 어느 직장이나 일을 제대로 하지 못하면서도 무사태평한 사람이 꼭 있다. 분명히 말해서 이런 사람들은 자신의 능력을 과신하고, 더 높은 수준을 목표로 나아가려는 의식도 부족하다. 두려움이 없는 상태이며, 그래서 긴장감을 갖고 일하지 않는다.

머지않아 은퇴를 앞둔 60대 전후라면 몰라도 한창 일하고 성장할 30대가 그런 자세로 일해서는 안 된다. 일에 어지간히 능숙해졌다고 해도 아직 추구해야 할 더 위의 수준이 분명 있다. 자신이 하는 일의 퀄리티를 좀 더 높게 설정할 필요가 있다.

◆ 대단한 사람에게서 자극을 구하라

간혹 텔레비전을 보다 보면, 끝없는 탐구심과 열정을 지니고 일하는 사람들을 소개하는 다큐멘터리가 방영될 때가 있다. 그런 대단한 사람들을 보고 있으면 자연스레 자극을 받게 된다. 위대한 업적을 남긴 사람들의 인생 궤적을 담은 책을 책장에 꽂아 두는 것도 효과적이다. 나는 괴테, 도스토옙스키, 프로이트, 니체 같은 인물을 자극제로 삼고 있다. 그들의 삶과 업적을 다른 사람에게 말로 공유하면 그 자극이 더 오래 지속된다.

{10}

배울 수 있는 환경을
적극적으로 구축한다

양화편 2장

性相近也 習相遠也
성 상 근 야 습 상 원 야

사람은 태어날 때는 서로 비슷하나, 배우는 것에 따라 차
이가 벌어진다.

◆ 능력을 키우려면 환경 선택이 중요하다

태어날 때는 다들 별 차이가 없다. 하지만 배우느냐 배우지 않느냐에 따라 선이 되기도 하고 악이 되기도 한다. 즉 공자는 위 구절에서, 태어날 때는 다 선하게 태어나 비슷하지만 학습을 통해 습성이 만들어지면서 차이가 생긴다고 말하고 있다. 그만큼 후천적인 환경과 교육, 습관이 중요하다는 것인데, 30대라면 이 구절을 일에 적용해 실력을 높일 수 있는 환경을 적극적으로 구축해 볼 수 있다.

사람은 새로운 환경을 만나면 의외로 쉽게 적응한다. 한 예로, 최근 일본에는 해외 팀으로 이적하는 운동선수가 늘어났다. 그리고 놀랍게도 해외로 이적한 선수들 대부분이 새로운 환경에서 잘 적응해 나가면서 점점 실력을 높여 눈부신 활약을 보여 주고 있다. 그들이 일본에 그대로 있었더라면 지금 같은 실력으로 발돋움하지 못했을지도 모른다.

이런 식으로 환경을 더 높은 수준으로 바꾸면 실력 향상의 계기가 될 수 있다. '환경 선택'은 자신을 향상시키는 데 매우 중요한 요소이다. 자신의 의욕을 한껏 끌어올릴 수 있는 환경을 추구해야 하는 까닭이 여기에 있다.

◆ 새로운 무대를 스스로 추구한다

환경을 단번에 바꾸지는 못하더라도, 지금까지 익숙해진 업무에서 벗어나 이제껏 해 본 적이 없는 새로운 업무를 중심으로 자신의 영역을 넓히는 것은 충분히 가능한 일이다.

가령 상사에게 "이 업무를 꼭 해 보고 싶은데, 지금 제가 하던 업무는 후배한테 맡겨 보면 어떻겠습니까?"라고 상담하는 식으로, 새로운 단계를 스스로 개척해 나갈 수 있다. 이때 지금 하던 업무는 싫증 나서 하기 싫다고 부정적으로 표현하지 말고, '저의 실력을 한층 높은 단계로 끌어올리기 위해 도전하고 싶다'는 긍정적인 취지로 부탁하는 것이 핵심이다. 어느 정도 회사에서 자리를 잡은 30대라면 그 정도의 미세한 업무 조정은 상사에게 인정받을 수 있을 것이다.

이는 기업이 상품의 라인업을 구상하는 것과 비슷하다. 어떤 상품이 다음 주력 상품이 될 수 있을지 확신이 서지 않을 경우, 기업은 이것저것 다양한 시도를 하기 마련이다. 이때 어느 사이엔가 본래 다루던 상품이 아닌 다른 상품으로 메인이 옮겨 가는 사례가 적지 않다. 화장품과 건강식품을 주로 제조 판매하는 주식회사 DHC도 원래는

번역 회사였다.

사업가나 직장인도 업무 단계나 영역을 조금씩 바꾸면서 자신을 발전시켜 나갈 수 있다. 자신에게 재능이 있는지 없는지를 따지기보다는 오히려 습관을 바꿔 차츰 단계를 높여 나갈 방법을 궁리하는 것이 좋다.

◆ 수요에 맞춰 자신을 변형시켜라

물론 자신이 하고 싶은 일을 했다가 실패한 사례도 많다. 자신이 하고 싶은 일이라고 해서 반드시 잘되리라는 보장은 없다.

만화가나 음악가들 중에서는 히트작을 내고 '자, 그럼 이제 내가 만들고 싶은 작품을 써 볼까' 하고 시도했다가 단번에 인기가 떨어지는 경우를 자주 볼 수 있다. 그런 사례를 볼 때마다, 나는 항상 '하고 싶다고 무턱대고 하면 안 되는데' 하고 안타까운 마음이 든다.

모든 일은 수요가 있어야 성사되는 법인데 자신이 하고 싶은 일이 사실은 수요가 없는 경우가 의외로 많다. 그러니 자신에게 어떤 일이 적성에 맞는지를 찾을 때, 너무 자신의 생각에만 집착하지 않았으면 한다. 예를 들어 의뢰받은 일을 점차 해 나가면서 일의 폭을 넓히는 방식을 고

려할 수 있다. 다른 사람들이 원하는 수요를 감지하는 안
테나를 만드는 것도 30대에 자신의 환경을 구축하는 탁월
한 비결이다.

2장

삶의 기준을 똑바로 세우기 위한 가르침

30대에 이뤄야 할
자립의 의미

위정편 4장

吾十有五而志于學 三十而立
오 십 유 오 이 지 우 학 삼 십 이 립

四十而不惑 五十而知天命
사 십 이 불 혹 오 십 이 지 천 명

나는 열다섯 살에 학문에 뜻을 두었고 서른 살에 자립했다. 마흔 살이 되어서는 흔들리지 않게 되었고 쉰 살에 하늘의 뜻을 알았다.

◆ 연령대별 인생의 목표 찾기

연령대별로 어떤 사람이 되어야 하는지, 그 지표를 나타낸 말이다. 이 문장의 뒤에는 '육십이이순 칠십이종심소욕 불유구六十而耳順 七十而從心所欲 不踰矩(예순 살에 남이 하는 말을 순순히 들을 수 있게 되었으며 일흔 살에는 마음 가는 대로 자유롭게 좇아도 올바른 길을 벗어나지 않게 되었다)'라는 말이 나오는데, 인생의 목표로써 담아 두면 좋은 말이다.

◆ 주변의 신뢰를 얻을 것

30대는 자립하는 일이 목표가 된다. 직장에서 일정한 수준의 지식과 기술을 익히고, 주위 사람들에게도 '이 사람이라면 안심하고 일을 맡길 수 있다'는 신뢰감을 얻어 잘할 수 있다는 자신감이 붙는다면, 그것이 바로 자립의 진정한 의미가 될 것이다.

혼자서 할 수 있는 일은 별로 없다. 주위 사람들이 믿고 일을 맡길 수 있는 사람이 되어야 한다. 그래야 40대가 됐을 때 흔들리지 않는 불혹의 상태로 나아갈 수 있다.

◆ 부모로부터 독립하는 생활

자립이라는 키워드는 일에만 해당되지 않는다. 인생의

전반적인 관점에서 생각하면, 30대에는 부모와 정신적으로 완전히 분리되어야 하는 시기다. 요즘엔 30대 중반이 넘어서도 하나부터 열까지 부모에게 의지하는 경우가 많다. 부모로부터 정신적인 자립을 이루지 못하면, 물질적으로는 독립했다 하더라도 진정한 독립이라 말할 수 없다. 내가 내 인생을 온전히 결정짓지 못하고 다른 사람에게 의지한다면, 인생을 꾸려 나가는 데 있어서 끊임없이 부정적인 영향을 미친다.

{12}

올곧게 살아가려는 마음이 이긴다

옹야편 17장

人之生也直 罔之生也幸而免
인 지 생 야 직   망 지 생 야 행 이 면

사람이 살아가는 데는 정직함이 중요하니, 정직하지 않으면서 사는 것은 운 좋게 화를 면한 것뿐이다.

◆ 정직을 신조로 삼으면 흔들리지 않는다

사람은 간혹 사물의 원리와 본질을 제대로 보지 못하고 복잡한 생각에 빠질 때가 있다. 망설임은 그런 상태에서 생겨난다. 이도 아닌 것 같고 저도 아닌 것 같이 느껴져 생각이 흔들린다면 정직을 신조로 삼아 자신의 마음가짐과 태도를 바로잡아야 한다. 그러면 흔들리고 망설이던 갈등이 말끔히 사라지고 말과 행동이 일치하게 된다.

◆ 올곧은 사람은 주위를 움직인다

위에 나오는 공자의 말을 좀 더 광범위하게 해석하면, 올곧은 태도의 중요성을 되새길 수 있다. 현 파나소닉의 창업자 마쓰시타 고노스케는 '정직하고 온순한 마음이 중요하다'는 말을 자주 했다. 쉬워 보이면서도 의외로 실천하기 어려운 말이다. 주위 사람들을 전혀 배려하지 않고 감정적으로 밀어붙이는 식이 아니라 살아가는 기본, 그리고 일하는 기본에 충실하면서 올곧은 일인지 아닌지를 늘 생각하는 자세가 중요하다.

다른 사람의 이야기에 순순히 귀를 기울이고 있는가, 주변 상황을 진지하게 살펴보고 있는가, 자신이 하는 일에 올곧은 자세로 임하고 있는가, 그 행동은 자신의 마음과 순수하게 이어져 있는가…. 이런 식으로 스스로 질문을 던지면 자신이 원리나 본질에서 벗어나 행동하고 있지는 않은지를 깨달을 수 있다. 결과적으로 어떤 일이든 순조롭게 흘러간다.

올곧게 살아가는 사람은 주위 사람들의 마음을 움직일 수 있다. 사람들은 대부분 자신이 이득을 보려고 온갖 책략을 쓰고 머리를 굴리지만, 그런 것치고는 세상일이 그리 마음대로 되지 않는 경우가 많다. 반대로 누군가를 보고 '저 사람, 반듯하고 정직하네' 하고 느끼면, 주변 사람들에게 영향을 끼치는 파급 효과가 있다.

13

얼마나 강렬히
원하고 있는가

술이편 5장

甚矣 吾衰也 久矣 吾不復夢見周公
심 의 오 쇠 야 구 의 오 불 부 몽 견 주 공

심하구나, 나의 노쇠함이여. 오래되었구나, 내 꿈에서 주
공을 다시 뵙지 못한 것이.

◆ 이상이 있기에 노력할 수 있다

주공은 주나라를 창건한 공신 중 하나로 법과 제도를 정비하여 왕조의 기틀을 다진 인물이다. 젊은 시절 공자는 주공을 동경했다. 주공이 행한 정치와 이론을 토대로, 민심을 흔들림 없이 다스리겠다는 이상을 추구했다. 꿈에 주공이 나올 정도로 그와 닮고자 했던 것이다.

물론 공자는 주공을 만난 적이 없다. 하지만 주공을 본보기로 삼아 자신도 주공 같은 인물이 되고 싶다는 바람으로 노력을 계속했다. 이는 이탈리아 르네상스기의 예술가 미켈란젤로도 마찬가지였다. 그는 고대 그리스의 조각을 보고 "나도 저런 작품을 만들고 싶다. 하지만 나는 아직 멀었다, 아직 할 수 없다"는 말을 연거푸 했다고 한다. 하지만 그는 자신의 이상을 목표로 삼고 끝없이 노력했고, 그러한 노력 끝에 특출나게 수준 높은 작품을 창조할 수 있었다. 명확한 이상과 목표를 갖는 것은 자신을 향상시키고 발전해 나가는 데 매우 중요하다.

◆ 일에 쏟는 에너지를 늘려라

재미있는 점은, 공자가 '나이가 들어 주공의 꿈을 거의 꾸지 않게 되었다'고 한탄했다는 사실이다. 조금 과장해

　　　　　　　　　　　　　　30대를 위한 논어

서 생각해 보면, 일에 쏟아붓는 에너지가 많은지 적은지는 꿈에 나타나느냐 아니냐로 판단할 수 있을지도 모른다.

　나는 30대에 논문을 무척 많이 썼는데, 당시 꿈속에서도 타닥타닥 끊임없이 키보드를 두드려 댔다. 꿈속에서 내가 하는 말이 전부 활자로 바뀌는 것 같은 신기한 느낌이었다. 꿈에 나타날 정도로 일을 한다는 것은 요컨대 의식의 양에 관한 문제이다. 하루 종일 일에 쏟는 에너지가 무의식 수준까지 스며든 것이다. 공자에게 주공이 그러했듯, 자신의 이상을 이미지로 떠올리며 잠자리에 드는 건 어떨까.

14

어디에 뜻을 두고
살 것인가

志於道 據於德 依於仁 游於藝
지 어 도 거 어 덕 의 어 인 유 어 예

올바른 도道에 뜻을 두고, 몸에 익힌 덕德을 지키며, 사욕 없는 인仁의 마음에 따라 예藝에서 노닌다.

※ 예藝는 '예법禮·음악樂·활쏘기射·말타기御·서예書·수학數'의 육예를 일컫는 말로, 오늘날의 교양 및 운동, 예술을 통칭한다.

◆ 가장 큰 울림을 주는 가치 찾기

위 구절은 공자가 추구한 이상적인 삶의 자세를 압축적으로 표현한 거라 할 수 있다. 그러니 이 중 가장 큰 울림을 주는 가치를 정신적인 기준으로 삼는다면, 흔들리는 인생의 파도 앞에서 방향성을 잃지 않고 앞으로 나아갈 수 있을 것이다.

◆ 뜻은 행동으로 나타난다

나의 경우, 이 구절을 처음 봤을 때 '도에 뜻을 두었다'는 말에 강한 울림을 받았다. 동시에 '공자는 도에 뜻을 두는 삶을 추구했다. 그렇다면 나는 어디에 뜻을 두며 살고 있는 걸까' 하는 생각을 했다.

이 구절을 일에 대입시켜 생각해 보면, '강인한 뜻을 가지고 일하는 사람'이란 '프로로서의 신념을 가지고 일하는 사람'이라고 할 수 있다. 어느 업계에서나 이런 사람들이 있다. 가까운 예로, 내가 가족과 자주 가는 레스토랑의 홀 담당자가 그러하다. 한 번 갔을 뿐인데 가족 모두의 이름을 기억하고 적절한 요리를 추천해 주는 게 인상 깊었다. 식당에 그런 사람이 있으면 신기하게도 집에서 먹는 것 이상으로 가족적인 분위기가 난다. 그는 분명 서비스 프로로서의 신념을 가지고 있는 사람일 것이다. 자신만의 뜻을 지니고 일을 하느냐 아니냐는 의외로 외부에서도 보이기 마련이고, 행동 하나하나에서 확실히 드러난다.

그러나 이런 강인한 뜻, 즉 프로로서의 신념은 마음을 지탱해 주는 확실한 가치 기준 위에서 세워져야 한다. 그렇지 않으면 아무 생각 없이 무작정 열심히만 하는 식이 되거나, 옳고 그름에 대한 판단을 외면한 채 비윤리적인 방향으로 빠질 수 있다.

강인한 뜻은 행동으로 드러나며 우리를 보다 높은 경지로 이끌어 준다. 하지만 중요한 건 뜻이 향하는 목표이다. 공자는 이 목표를 '도'에서 찾았다. 그래서 다시 한번 질문을 던지게 된다. 나는 어디에 뜻을 두며 살고 있는 걸까? '도에 뜻을 둔다'는 구절이 큰 울림을 주는 것은 그 속에 이런 깊은 의미가 담겨 있기 때문인 것 같다.

지식과 경험이
선택의 폭을 넓힌다
술이편 27장

蓋有不知而作之者 我無是也 多聞
개 유 부 지 이 작 지 자 아 무 시 야 다 문

擇其善者而從之 多見而識之 知之次也
택 기 선 자 이 종 지 다 견 이 식 지 지 지 차 야

잘 알지도 못하면서 함부로 행동하는 자가 있는데, 나는
그런 일은 하지 않는다. 많이 듣고 그 가운데서 좋은 것을
골라 따르고 많이 보고 기억하는 것은, 우리가 할 수 있는
차선의 지혜다.

◆ 무지를 부끄러워하라

무지하다는 사실을 부끄럽게 여기지 않는 습성은 요즘 청년층의 약점이라고 할 수 있다. "그건 모르지만, 그게 뭐 어때서요?" 하고 되묻는 일이 빈번하다.

인생은 지식과 견문, 그리고 경험을 넓혀 가는 과정 그 자체이다. '안다'는 것의 가치를 부정하면 살아가는 의미를 찾을 수 없다.

◆ 과거의 축적을 안다는 의미

인생도 일도 판단의 연속이다. 지식과 견문을 넓히지 않으면 어떤 사안에 판단을 내려야 할 때 그만큼 선택의 폭이 좁아지기 마련이다. 최선의 행동을 취하거나 그때까지 없던 새로운 것을 만들어 내려면 다양한 지식과 경험이 전제되어야 한다.

예를 들어 세계고전문학도 제대로 읽지 않으면서 '작가가 되고 싶다'는 말을 아무렇지도 않게 하는 사람을 떠올려 보자. 어느 시대든 작가들은 동서고금의 고전을 두루 읽으면서 독자적인 소설을 집필했다. 문학은 그렇게 발전해 왔다.

이는 모든 분야의 일에 공통적으로 해당된다. 과거에

이루어진 일의 연장선상에서 현재 자신이 하고 있는 일이 존재한다는 사실을 의식하고 개선과 연구를 더할 때, 일의 질을 높이고 변화의 폭을 넓혀 나갈 수 있다.

◆ **많은 것을 알아야 자신이 할 일을 파악할 수 있다**

지식이 많으면 자신이 해야 할 일의 규모나 정도를 알 수 있다. 어떻게 행동하는 것이 가장 좋은지를 대략 가늠할 수 있는 것이다. 그런 의미에서 나는 카피라이터 나카하타 다카시 씨가 직원을 채용하는 면접에서 던진 질문에 감탄했다.

"당신이 좋아하는 카피를 10개 말해 보세요."

이때 10개를 꼽지 못하는 사람은 카피 공부가 부족한 거라고 본다. 또한 10개를 말한다고 해도 그 카피가 센스 없는 것들이라면 자질이 부족한 것이다. 이 질문은 '하고 싶은 목표가 있다면 열심히 공부하세요. 그렇게 해서 센스를 기르십시오' 하는 메시지이기도 하다.

당장의 이익보다는
나를 위해 투자할 것

태백편 12장

三年學 不至於穀 不易得也
삼 년 학 부 지 어 곡 불 이 득 야

3년 동안 학문을 하고 나면, 벼슬길에 뜻을 두지 않는 이가
거의 없다.

◆ **자신에게 투자하라**

배움에 제대로 몰두하지 못하고 대가를 빨리 얻으려는 세태를 한탄하며 공자가 한 말이다. 이는 대가만을 바랄 때 배움에 소홀하게 된다는 뜻이기도 하다.

이 말을 유대인식 사고로 해석하면 다음과 같이 요약할 수 있다. '젊은 시기에는 자신에게 투자를 계속하라.' 30 대는 자신의 토대를 만드는 데 중점을 둬야 한다.

◆ **경험치를 높일 수 있는 일을 선택해야 하는 이유**

사상가이자 작가였던 후쿠자와 유키치는 자신의 저서에서 목적 없는 공부야말로 진정한 공부라고 강조한 바 있다. 눈앞의 이익에 현혹되지 않고 철저히 공부할 때, 정신력이 강해지고 미래의 큰 보수로 이어진다는 것이다.

물론 공부할 때 목표가 전혀 필요 없다는 뜻은 아니다. 오히려 목표가 있는 것이 좋다. 실제로 사회인 중에는 여러 해 사회 경험을 쌓고 나서, 더 높은 단계로 나아가기 위해 학생으로 되돌아가는 사람도 있다. 학문적인 뼈대를 갖추면 더 고도의 일을 할 수 있다고 판단해서다. 그런 식으로 자신이 성장하는 과정의 단계로써 공부라는 개념을 인식하는 것이야말로 자신에게 투자하는 일이다.

당장 돈이 되는 일에 목표를 두고 후한 보수의 일을 선택하는 사람도 많을 것이다. 어쩔 수 없는 사정이 분명 있겠지만, 전문적인 역량을 습득하지 못하면 장기적으로 수입이 감소할 수 있다. 그러므로 '이 일을 경험해 두면 어떤 능력이 향상될 것인가' 하는 관점에서 자신에게 투자가 되는 일인지를 의식하는 것이 중요하다. 회사 내에서도 경험치를 높일 수 있는 업무를 추구하면 좋다. '경험치가 곧 보수'라고 생각하면 더욱 긍정적인 자세를 갖출 수 있다.

내 가치를 최대한 끌어올리고 싶다면

자한편 12장

子貢曰 有美玉於斯
자 공 왈 유 미 옥 어 사

韞匵而藏諸 求善賈而沽諸
온 독 이 장 저 구 선 가 이 고 저

子曰 沽之哉 沽之哉 我待賈者也
자 왈 고 지 재 고 지 재 아 대 가 자 야

자공이 공자에게 물었다. "여기에 아름다운 옥이 있다면, 궤 속에 넣어 보관하시겠습니까, 아니면 좋은 값으로 살 사람을 찾아 파시겠습니까?" 공자는 대답했다. "팔아야지, 팔아야 하고 말고. 나 또한 좋은 값으로 팔리기를 기다리는 사람이다."

◆ 맡겨진 일을 뭐든지 한다

공자의 인품이 잘 드러나 있는 말이다. 공자를 떠올리면 성인군자이자 위대한 스승으로 '궤 속에 소중히 간직되어 있는 옥'의 이미지를 떠올리기 쉽지만, 사실은 조금 다르다. 물론 위대한 스승인 것은 맞지만, 한편으로는 많은 제자를 이끌고 일자리를 찾아 여러 국가를 방랑한 사상가이기도 하다.

◆ 상사를 고객이라고 여겨라

만화가 고토부키 씨는 행여 일감이 끊기는 상황이 닥칠까 두려워서 의뢰가 들어오면 기본적으로 전부 수락한다고 한다. '한 번 거절하면 다음이 없을지도 모른다'는 생각에 일을 맡은 다음, 어떻게든 해 나가면서 자신의 기량을 높이는 과정을 반복한다는 것이다. 이러한 점이 프리랜서의 강점일 것이다.

직장인이나 사업가도 이 사고방식을 응용할 수 있다. 피터 드러커 식으로, 상사를 자신에게 일을 의뢰하는 고객이라고 생각해 보자. 그렇게 하기만 해도 상황에 대한 의식이 바로 바뀔 것이다. 상사의 요구를 민감하게 감지해 일하거나, 야단을 맞아도 고객의 불만에 대처하듯이 대책을 강구할 수 있다. 또한 여러 가지 일을 지시받아도 좀 더 유연하게 대응하는 등 일하는 방식마저 달라진다.

원래 비즈니스 업계에서는 '일은 바쁜 사람에게 부탁하라'는 철칙이 있다. 바쁜 사람일수록 유능하고 일정도 잘 맞추기 때문이다. "내가 할 일이 아니야" 또는 "바빠서 더 이상은 불가능해" 하고 대응한다면 무능하다는 낙인이 찍힐 뿐이다.

◆ 사내에서 좋은 매수자를 찾는다

자신에게 일을 의뢰할 사람을 기다리기만 할 게 아니라, 스스로 좋은 매수자를 찾아 영업하는 것도 중요하다. 메인 프로젝트나 중요 업무가 아니어도 상관없다. 자료를 복사하는 등의 잡무라도 "제가 하겠습니다" 하고 스스로 맡는 자세가 좋다. 이런 자세로 일하다 보면 무언가 일이 생겼을 때 "이 일을 맡아볼 생각 있나?" 하는 제안이 들어온다. 30대의 성장에는 잡무를 통해 신뢰를 얻는 단계도 있음을 기억하자.

{18}

지혜, 배려, 용기라는
세 가지 덕목

자한편 28장

知者不惑 仁者不憂 勇者不懼
지 자 불 혹   인 자 불 우   용 자 불 구

지혜로운 자는 미혹되지 않고, 인격을 갖춘 자는 걱정하지 않으며, 용기 있는 자는 두려워하지 않는다.

◆ 인간성의 세 가지 축

위 구절은 공자가 군자의 덕목을 이야기하며 한 말이다. '지知, 인仁, 용勇', 이 세 가지 덕을 인간성의 중심축으로 삼아 균형을 이루며 행동하겠다고 명심하면, 인생도 일도 잘 풀릴 것이다. 한 가지씩 살펴보자.

◆ 지식이 뛰어난 사람은 머릿속이 정돈되어 있다

지자知者란 쉽게 말해 머리가 좋은 사람이다. 많은 것을 알고 있을 뿐만 아니라 그 지식들이 머릿속에 깔끔하게 정리되어 있어 논리적으로 이야기를 하고, 판단을 내릴 때도 그다지 망설이지 않는다.

머릿속을 정리하는 감각은 매우 중요하다. 해야 할 일의 우선순위를 정할 때나 다양한 사고를 유형별로 나눠 논리를 내세울 때, 정리와 분석이 제대로 되지 않으면 판단력을 발휘할 수 없다. 한마디로 판단력은 정돈된 머릿속에서 나오는 것이다.

비단 일뿐만이 아니다. 인간관계에서 생기는 갖가지 고민도 대개 머릿속에서 사고가 제대로 정리되지 않은 데서 비롯된다.

예전에 이런 사례가 있었다. 한 여성이 '전에 날 좋아한다고 한 그 사람이랑 결혼할까 봐. 아니, 애초에 결혼은 하는 게 좋은 걸까' 하고 끝없이 고민하고 있었다. 내가 보기에 그 여성에게 시급한 과제는 생각을 정리하는 일이었다. 지금 그 사람과 사귀고 있는 것도 아니고 그 사람이 어떤 생각을 하고 있는지도 전혀 모르기 때문이다. 그래서 "지금 전화해서 물어보는 게 어때요?" 하고 조언했는데, 알고 보니 마음에 두고 있던 그 남성이 최근에 다른 여성과 약혼했다고 한다.

직장 내 인간관계도 마찬가지이다. 혼자 끙끙대며 고민하기만 해서는 문제가 해결되지 않는다. 어떤 일이든 판단하기가 망설여질 때는 머릿속을 정리하는 것이 우선이며, 이는 시간을 허비하지 않기 위한 핵심 답안이라고 할 수 있다. 이때 그림이나 표를 그려 보면 생각의 흐름이 또렷하게 보인다.

◆ 배려와 관용이 자신의 스트레스를 줄인다

인자仁者는 타인을 대할 때 배려심이 있는 사람을 의미한다. 예전에 NHK의 한 프로그램에 지금은 고인이 된 배우 타카쿠라 켄과 함께 출연하게 되었는데, 그는 함께 일하는 제작진을 자상하게 챙겼고 "영화는 전 스태프의 것입니다. 가장 편한 주역을 맡고 있는 제가 스포트라이트를 받고 가장 두드러지니 민망할 따름이죠. 젊었을 때는 잘 몰랐지만 이렇게 저를 지지하고 받쳐 주는 스태프 여러분의 열정으로 영화가 만들어진다는 데 대한 감사의 마음이 해를 거듭할수록 깊어집니다" 하고 소회를 밝힌 바 있다.

타카쿠라 켄처럼 주위 사람들과 어떤 일을 함께 해 나간다는 의식이 있으면 뭔가 어려운 일이나 걱정거리가 생기더라도 이미 자기 혼자만의 고민이 아니므로 큰 문제 없이 차분하게 대처할 수 있다.

이러한 배려심에는 관용의 마음도 깃들어 있다. 소소한 일에 관해서는 '뭐, 이대로 괜찮겠지' 하고 허용하는 마음의 여유를 뜻한다. 학생들을 가르칠 때 나는 이 인仁의 마음이 부족함을 실감한다. 백여 명의 학생 가운데 한 사람이라도 "수업이 재미없었어요" 하고 말하면 '더 이상 가르치는 일은 하고 싶지 않아. 싫어졌어. 그만둬야겠어' 하는 생각이 고개를 들기 때문이다.

사람은 자신이 뜻한 대로 되지 않으면 애가 타고 걱정이 되기 마련이다. 그런 감정은 타인에게 너그럽지 않은 데서 생겨난다. '뭐, 이대로 괜찮겠지' 하고 중얼거려 보면 조금은 마음이 편안해질 것이다.

◆ 약간의 용기가 고민의 돌파구를 연다

용자勇者는 말 그대로 용기 있는 사람을 일컫는다. 그렇다고 해서 만용을 부릴 필요도 없거니와 약간의 용기만 있으면 충분하다. 망설여질 때 행동하는 것도 또한 용기이다. '과학에 실패는 없다. 탐구가 있을 뿐이다'라는 실험 정신도 용기이다.

뭔가 고민되는 일이 있을 때는 과감히 상사를 찾아가 상의해 보자. 누군가가 괴롭힘을 당하고 있다는 것을 알았다면 방관하지 않고 말려야 한다. 부정에 직면했을 때 못 본 척 넘어가지 말고 자신의 의견을 확실히 밝혀 보자. 그런 용기를 낼 수 있는 사람은 두려움으로 고통스러워할 일이 없다. 현대 사회에서는 공명심이라고 바꿔 말해도 좋을 것이다.

속성으로 이루려는
조급함을 버린다

자로편 17장

無欲速 無見小利
무 욕 속 무 견 소 리

欲速則不達 見小利則大事不成
욕 속 즉 부 달 견 소 리 즉 대 사 불 성

서둘러 하려고 하지 말고, 작은 이익에 집착하지 마라. 서
두르면 목표를 달성하기 어렵고 작은 이익에 집착하면 큰
일을 이룰 수 없다.

◆ 어떤 일을 달성하는 데 '속성'은 없다

이 구절은 '급할수록 돌아가라' 또는 '서두르면 일을 그르친다'는 속담과도 통하는 사고관이다. 성급하게 성과를 내려고 조급해하지 말고 눈앞의 이익에 사로잡히지 말라는 뜻이다.

한때 빌리즈 부트 캠프Billy's Boot Camp라는 군대식 다이어트 운동(빌리 블랭크스가 고안한 단기 집중 다이어트 프로그램 – 역주)이 크게 유행했다. 단기간에 살을 빼는 효과가 있다고 해서 많은 사람들 사이에 열풍이 불었는데, 지금은 이에 관한 이야기를 전혀 들을 수 없다. 아무래도 그 운동을 계속하고 있는 사람이 별로 없는 듯하다. 고백하자면 나도 그 DVD를 구입했다. 동작이 너무도 격해서 '그야, 살이 빠지고도 남겠네' 하고 생각했지만 계속하지 못했다.

이처럼 속성으로 뭔가를 얻으려는 현상은 우리 주위에서 흔히 볼 수 있다. 영어를 배우려고 갖가지 교재를 구입하는 것도 그중 하나이다. 하지만 초등학교 때 덧셈부터 꾸준히 쌓아 온 지식이 없으면 미적분을 익히는 게 불가능하듯이, 속성으로 이루려고 하면 실패하는 경우가 훨씬 많다. 시간을 들여 차근히 쌓아 온 지식과 경험으로 승부에 도전해야 하는 것이다.

30대를 위한 논어

◆ 높은 평가를 받는 데는 적어도 3년이 걸린다

공자가 문제로 삼고 있는 점은, 당장 성과를 내어 공을 세우려고 서두른 데서 생기는 조급함이다. 조급한 마음이 들면 눈앞에 보이는 이익에 집착하게 되어 큰일을 이루지 못하는 경우가 생기기 마련이다.

한 예로, 요즘에는 많은 20~30대가 입사한 지 1년도 채 되지 않아 회사를 그만두고 있다. 다양한 원인이 있겠지만, 그중에는 자신이 인정받지 못한다고 느끼는 이유도 있을 것이다. 지금 자신이 하고 있는 업무 분야에서 당장 좋은 평가를 받고 싶다는 기대가 강하다 보니, 그 기대가 빨리 충족되지 않으면 더 이상 계속하고 싶지 않은 것이다.

옛날에는 회사에서 '3년은 일해야 인정받을 수 있다'는 인식이 당연했다. 1년 이내에 사람을 제대로 평가하기는 어렵기 때문이다. 성공이란 성과를 내는 데 급급해하지 않고 꾸준히 할 때 마침내 다가오는 법이다. '무견소리無見小利(눈앞의 작은 이익에 집착하지 마라)'를 다시 되새기고 신뢰를 꾸준히 쌓도록 하자.

'중용'과 '중간'과 '보통'의 차이를 알 것

옹야편 27장

中庸之爲德也其至矣乎 民鮮 久矣
중 용 지 위 덕 야 기 지 의 호 민 선 구 의

중용의 덕은 최상이다. 하지만 아쉽게도 사람들은 중용의 덕을 잃은 지 오래다.

◆ 어떤 일이든 균형이 중요하다

"당신은 살아가는 데 무엇을 중요하게 여깁니까?" 하는 질문을 받고 "중용입니다" 하고 대답하는 사람은 거의 없을 것이다. 하지만 공자는 중용을 매우 중시했다. 삶의 균형을 잘 유지하려면 중용을 지켜야 한다. 그 진짜 의미를 제대로 이해하고 앞으로 살아갈 인생의 지침으로써 중용이라는 말을 꼭 새겨 두기를 바란다.

◆ '중용'과 '중간'은 다르다

물품의 가격을 결정할 때 '500엔은 너무 싸고 1500엔은 너무 비싸. 그러니 그 중간인 1000엔으로 하자' 하는 의견이 나왔다고 하자. 이런 사고법은 중용을 이뤘다고 말할 수 없다. 500엔이나 1500엔의 설정도 특별히 근거가 있는 것이 아니어서, 실제로 중간을 취한다는 의미조차 없다. 물품의 가격을 정할 때는 원가와 판매자가 얻고자 하는 이익, 소비자의 가격 요구를 모두 고려해, 가장 균형이 잘 맞는 선에서 적정 가격을 산출해 내는 방법이 바람직하다. 이 적정 가격이 바로 중용에 해당한다.

장사를 할 때는 이것이 당연하게 이루어져야 하는데, 실제로는 꼭 그렇지가 않다. 염가 판매 경쟁이 대표적인 예이다. '다른 데보다 싸게!'를 외치면서 물건의 가격을 점점 낮추면 판매자의 이익이 줄어든다. 언뜻 소비자는 이득인 것 같지만, 이 악순환이 계속되면 기업의 매출이 감소하고, 이는 급여에도 영향을 끼친다. 모든 문제는 적정 가격이라는 균형이 무너진 데 원인이 있다.

'중용'은 '균형을 맞출 수 있는 절묘한 지점'이다. 요컨대 극단적인 어느 한쪽으로 치닫지 않는 것이 중요하다.

◆ 높은 수준의 중용을 추구하라

다만, 극단으로 치닫지 않는 것만으로는 안 된다. 이런 마음가짐으로는 '중용'이 '보통 상태'를 유지하는 일이 되어 버리기 때문이다. 이 '보통'이라는 말이 상당히 어렵고 심오하다. 평소에는 그 상태로도 괜찮지만, 압박감이 미치는 상황에 맞닥뜨렸을 때라면 어떨까? 무턱대고 밀고 나가거나 혹은 두려워서 아무것도 하지 못하게 되는, 즉 어느 한쪽으로 내달리게 될 우려가 있다.

그렇게 되지 않으려면 30대에는 더욱 높은 단계의 중용을 추구해야 한다. 올림픽 유도 종목에서 3연패를 달성한 노무라 다다히로 선수와 만난 적이 있는데, 그때 그는 "저는 무척 겁쟁이여서 질 경우가 먼저 생각나거든요" 하고 말했다. 그 때문에 연습을 할 때는 '이렇게 하면 이렇게 당하겠지' 하는 부정적인 측면을 떠올린 뒤, 이를 극복하기 위한 수비와 공격을 시뮬레이션한다고 한다. 하지만 막상 본 경기에 오를 때는 '금메달이 어울리는 사람은 나밖에 없어'라고 굳게 믿고서 시합에 도전한다는 것이다. 이 예는 매우 극단적인 듯하지만, 사실 높은 단계의 중용이다. 노무라 씨는 연습하는 동안에 '분명히 질 거야'와 '반드시 이기겠어'라는 극단과 극단 사이를 오갔고, 그 속에서 더욱 높은 단계의 균형을 맞출 수 있었다. 그렇게 절묘하게 균형 맞출 수 있는 지점을 찾는 작업 자체가 중용의 덕을 높이는 과정이다.

3장

사람을 만나고 대할 때
꼭 알아야 할 가르침

{21}

신뢰를 쌓는 필수조건은
신중한 말하기

학이편 3장

巧言令色 鮮矣仁
교 언 영 색 선 의 인

말을 번지르르하게 하고 얼굴빛을 거짓으로 꾸미는 사람
중에는 인仁을 갖춘 자가 거의 없다.

◆ **다른 사람에게 신뢰를 얻으려면**

그럴듯하게 말만 번지르르하게 하는 사람에게는 성실함이 결여되어 있고, 공자는 이런 사람을 결코 좋아하지 않았다.

〈자로편 27장〉에는 '강의목눌 근인剛毅木訥 近仁(욕심에 좌우되지 않는 강직함, 뜻이 있고 용감한 의지, 겉꾸밈이 없고 진실한 질박함, 마음으로 생각하는 바는 있으나 과묵한 진중함. 이 네 가지 자질이 '인仁'에 가깝다)'라는 말이 나온다. 역시나 성실하고 신중한 사람에게 높은 점수를 주었다는 사실을 엿볼 수 있다.

◆ **경솔하게 떠맡지 않는다**

요즘 시대는 일을 할 때 말을 잘하는 것도 중요한 자질이다. 그러므로 공자의 말을 '무조건 말을 하지 말라'라고 해석할 게 아니라 '경솔하게 일을 맡지 말라'라는 뜻으로 인식하는 것이 좋다.

주변을 보면 "괜찮아요. 문제없습니다. 할 수 있습니다" 하고 섣불리 일을 수락하고는 결과적으로 완수하지 못하는 경우가 너무 많다. 이상적인 선거 공약을 내걸고 당선되었지만, 제대로 실행하지 못해 신뢰를 잃어버리는 정치가도 있고, 친구들과의 모임에서 "내가 장소를 알아볼게" 하고서는 아무런 준비를 하지 않는 사람도 있다.

이런 사람들은 결국 '저 사람이 하는 말은 신뢰할 수가 없어' 하는 지경에 이르게 된다. 그러므로 자신이 할 수 있을지 없을지 확신이 서지 않을 때는, 실패할 가능성까지 포함해서 미리 설명해야 한다. 마음만 급해서 들떠 있거나 설레발을 친다면 남들에게 좋은 인상을 줄 수 없다. 지키지 못할 약속은 하지 않는 것이 기본이다.

◆ 말하기 전에 한 번 더 반추하라

지나치게 신중한 자세는 생각해 볼 문제이지만, 해서는 안 될 말을 내뱉는 실언만큼 무서운 것은 없다. 특히 인터넷 사회에서는 실언을 할 경우 무서운 기세로 비난받기도 한다. 자칫 잘못하면 지금까지 자신이 쌓아 온 신용을 단번에 잃기도 한다. 말하기 전에 한 번 더 반추하고, 경솔하게 부주의한 말을 하지 않도록 노력해야 한다.

이유 있는 칭찬은
호의를 불러온다

학이편 16장

不患人之不己知 患不知人也
불 환 인 지 불 기 지   환 부 지 인 야

남이 나를 알아주지 않음을 걱정하지 말고, 내가 남을 알
아주지 못함을 걱정해야 한다.

◆ 칭찬하는 습관을 들여라

남이 나를 이해해 주기를 바라고 다른 사람들에게 좋은 평가를 듣고 싶어 하는 마음은 누구에게나 있다. 2500년 전 공자가 살던 시대부터 그러했다는 것을 생각하면 이런 마음 자체를 없애기는 어려울 것이다. 하지만 남들이 나를 높이 평가해 주지 않는 데 대한 불만이라면 얼마든지 줄일 수 있다. 공자가 말했듯이 다른 사람들을 이해하고 칭찬하면 된다.

◆ 칭찬은 칭찬으로 되돌아온다

한 가지 재미있는 것은, 자신이 제대로 평가받지 못한다고 불만스럽게 여기는 사람은 "당신은 다른 사람을 높이 평가하고 있나요?" 하는 질문을 받았을 때 대부분 대답을 주저한다는 것이다.

주위 사람을 자주 칭찬하는 사람은 자신도 자주 칭찬받는다. 남을 칭찬하면 그 말이 돌고 돌아 자신에게로 돌아온다. 칭찬받은 사람은 칭찬해 준 사람에게 호의를 품게 되고 자신도 상대를 칭찬하려는 마음이 들기 때문이다.

나는 칭찬이야말로 사회를 밝고 건강하게 만드는 중요한 요소라고 생각한다. 오늘날에는 칭찬받고 싶다는 수요가 압도적으로 늘어난 반면에, 타인을 순수하게 칭찬하는 일은 훨씬 부족하다. 칭찬을 둘러싼 수요와 공급의 불균형이 우리가 느끼는 불만의 중심에 있다고 해도 좋다.

우선 뭐든 이유를 들어 주위 사람을 칭찬하기를 권한다. 그렇다고 빈말이 통하지는 않을 것이므로, 상대가 칭찬받고 싶어 하는 점을 꿰뚫어 보고 칭찬해 주는 것이 좋다. 그렇게 하다 보면 점차 사람을 보는 안목이 넓어지고 칭찬 멘트도 예리해진다.

◆ 칭찬이 교양의 폭을 넓힌다

칭찬은 사람한테만 해당되지 않는다. 의외로 교양의 폭을 넓히는 데도 유용하다. 가령 그림을 보는 안목이 없다고 해 보자. 대부분의 경우 그렇게 느끼는 까닭은 그림을 알지 못하는 데서 비롯된다. 이럴 때는 미술관에 가서 눈에 보이는 그림 모두를 칭찬해 보자. 칭찬할수록 점점 더 그림의 좋은 점을 알게 될 것이다.

나도 처음에는 현대 추상화의 어떤 점이 훌륭한 것인지를 전혀 몰랐다. 그래서 동행인과 그림을 보면서 "이 그림, 처음에는 그냥 물감을 막 뿌려 놓은 것 같았는데 점점 다른 그림으로 보여. 작위적인 느낌이 없는 만큼 존재감이 뿜어져 나오는걸" 하는 식으로 적당히 칭찬하면서 감상을 했는데, 그러는 동안 그림에 무지하다고 지레 겁먹었던 마음이 차츰 사라졌다. 음악이든 문학도 마찬가지다. 문외한이었던 분야나 대상이라고 하더라도 칭찬한다는 관점으로 접하다 보면 조금씩 안목을 기를 수 있다.

사람의 본질을 알 수 있는 세 가지 요소

위정편 10장

視其所以 觀其所由 察其所安
시 기 소 이　관 기 소 유　찰 기 소 안

人焉廋哉 人焉廋哉
인 언 수 재　인 언 수 재

그 사람이 어떻게 행동하는지, 그 이유가 무엇인지, 무엇에 만족하는지 이 세 가지를 살피면, 그 사람의 본질이 어찌 숨겨질 수 있겠는가. 어찌 숨겨지겠는가.

◆ 사람을 꿰뚫어 볼 수 있는 안목을 지녀라

'일본 자본주의의 아버지'로 불리는 시부사와 에이이치는 《논어》를 기본 축으로 하여 기업 경영에 힘쓴 사업가로 잘 알려져 있다. 그는 자신의 저서 《논어와 주판》에서, 공자의 위 구절이 사람을 판단하는 기준으로써 매우 유용하다고 강조했다. 어떠한 경력을 지닌 사람인가, 무엇에 의지해 살아가고 있는가, 만족스러운 삶을 살기 위해서 무엇을 추구하고 있는가. 이 세 가지 관점에서 사람을 관찰하면 상대가 어떤 인물인지 저절로 드러난다는 의미다. 누군가를 판단하고 소통하고자 할 때, 이 세 가지 핵심 요소를 기준으로 파악하면 좋을 것이다.

다양한 사람과
폭넓게 사귄다

위정편 14장

君子 周而不比 小人 比而不周
군 자 주 이 불 비 소 인 비 이 부 주

군자는 두루 어울리고 편을 가르지 않는다. 소인은 편을
가르고 두루 어울리지 않는다.

◆ 특정한 사람하고만 어울리지 않는다

학문과 덕행을 함께해 온 친구들이라면 또 모르지만, 괜히 패거리를 만들어 인간관계를 한정시키는 형태는 바람직하지 못하다. 너무 익숙한 사람들끼리만 계속 모이면 다른 주위 사람들을 배제하는 경향이 생겨나 세상을 널리 볼 수 없다. 공자는 이에 경종을 울리고 다양한 사람과 폭넓게 사귀라고 조언한다.

◆ 아는 사람이 늘어나면 그곳이 홈그라운드가 된다

내가 메이지대학에서 강의를 한 첫해에는 교원들끼리 회식이 무척 많았다. 회식을 싫어하는 편은 아니어서 거리낌 없이 어울리고는 했는데, 덕분에 상당수의 사람들과 안면을 틀 수 있었다. 그 후에는 일하기가 무척 수월해졌던 기억이 있다.

회사란 그 조직에 있는 사람들이 분위기를 만들어 가는 곳이다. 아는 사람이 많을수록 업무 진행이 편해질 수밖에 없다. 요즘에는 회사 내 활동이나 인간관계를 꺼리고 기피하는 경우가 많은데, 회식이나 행사, 다른 부서와의 협업 등을 통해 아는 사람들이 많아질수록 회사를 나의 홈그라운드로 바꿔 나갈 수 있다.

축구에서는, 홈 경기와 어웨이 경기를 번갈아 하는 방식으로 양 팀의 본거지에서 같은 횟수로 시합을 치른다. 홈 경기와 어웨이 경기에서는 각각 발휘되는 팀의 실력이 다르기 때문에 공평하게 하자는 취지에서다.

홈그라운드의 좋은 점은 선수들이 익숙한 만큼 더욱 공격적으로 경기를 치를 수 있다는 데 있다. 회사도 마찬가지여서 홈그라운드 감각이 강할수록 업무 진행에 유리한 점이 있고 이는 좋은 성과로 이어지기 쉽다.

◆ 늘 같은 사람끼리만 어울리면 발전하기 어렵다

하지만 점심도 함께 먹고 차도 함께, 술도 함께 마시는 식으로 늘 같은 사람들과만 어울리는 것은 그다지 바람직하지 않다. 특정한 관계에 너무 익숙해져 자극을 받을 기회가 줄어들기 때문이다. 그런 상태에서는 발전을 꾀할 수 없다.

최근에는 SNS를 통해 엄청날 정도로 인맥을 관리하는 사람이 많다. 그러한 현상이 잘못된 것은 아니지만 실제로 교류하는 사람이 없다면 아무 의미가 없다. 현실에서 세상을 넓혀 가는 일에 중점을 두길 바란다.

이익만 따져 행동하면 원망을 듣는다

이인편 12장

放於利而行 多怨
방 어 리 이 행 다 원

이익만 좇아 행동하면 원망을 사는 일이 많아진다.

◆ 이기적인 행동은 반드시 드러난다

자신에게 이득이 돌아오느냐 아니냐를 기준으로 행동하는 사람은 그 속내를 아무리 감추려 해도 들통나기 쉽다. 의외로 사람들은 다 보고 있으며, 결국에는 '그 사람은 자기밖에 몰라' 하고 나쁜 평가를 듣게 될 것이다.

◆ 일은 능력 있는 사람에게 집중된다

이런 이기적인 사람이 같은 회사에 있다면 어떻게 해야 할까. 특히나 자신의 이득만 생각해서 움직이는 사람이 선배나 상사라면, 부탁이나 지시를 거절하기가 쉽지 않다. 주변에서 가장 자주 볼 수 있는 것은 귀찮은 업무를 떠넘기는 경우다. 이때 그 사람이 얻게 되는 '이득'은 자신이 농땡이를 피우는 데 있을 것이다.

'일개미의 법칙'이란 게 있다. 일개미는 모두 일을 열심히 하는 것 같지만 실제로 성실하게 일하는 개미는 20퍼센트에 불과하다고 한다. 그 20퍼센트의 일개미도 다른 집단에 들어갔을 때 거기에 일하고 있는 개미가 있으면 자신은 일하지 않는다. 반대로 일하지 않던 개미들만 모아 놓으면 그 집단에서 일하는 개미가 나온다.

회사 직원의 20퍼센트가 전체 이익의 80퍼센트를 창출

한다는 말이 있다. 당장은 귀찮은 업무를 떠맡는 게 억울하고 불공평하다고 느껴지겠지만, 일은 능력 있는 사람에게 집중되는 게 현실이다. 일차적으로는 실력을 쌓는 데 집중하도록 하고, 그러면서 상황을 바꿀 방법을 전략적으로 찾아 나서는 것이 정신 건강에 더 낫다.

{26}

작은 선물이나 감사 인사를 아끼지 않는다

술이편 7장

自行束脩以上 吾未嘗無誨焉
자 행 속 수 이 상   오 미 상 무 회 언

한 속의 육포를 들고 와 가르침의 예를 청한 이에게, 나는 한 번도 가르침을 거절한 적이 없다.

※ 옛날에는 누군가를 처음 방문할 때 선물을 들고 가는 게 예의 였는데, 한 속은 육포 10조각을 의미하는 것으로, 스승을 청하는 이에게 가져가기엔 매우 약소한 예물이었다.

◆ 예의를 지키며 도움을 청하라

이는 가르침을 청할 때 예의를 갖추라는 지적이다. 이러한 예의는 지금도 통용된다. 상사나 선배에게 무언가 가르침을 청할 때, 작은 선물을 준비할 수도 있고 "오늘은 수업료 대신 제가 대접하겠습니다" 하고 마음을 전할 수도 있다.

어디 이런 예의가 가르침을 청할 때만 해당되는 일이겠는가. 일을 하다 보면 누군가의 도움을 받아야 할 경우가 종종 생긴다. 그럴 때 도움받는 것을 당연하게 여기지 말고, 감사를 제대로 표해야 한다. 작은 선물이나 진정성 있는 감사 인사는 인간관계를 매끄럽게 하는 윤활유와 같다. 예의를 표현하는 방법을 알아 두면 다른 사람과 원활한 인간관계를 맺을 수 있다. 예의란 상대를 배려하는 마음이다.

누구에게든지
배울 점은 있다

三人行必有我師焉
삼 인 행 필 유 아 사 언

擇其善者而從之　其不善者而改之
택 기 선 자 이 종 지　기 불 선 자 이 개 지

세 사람이 함께 길을 가면 그중에 반드시 나의 스승이 있
다. 선한 자를 골라 따르고, 선하지 못한 자를 보며 나를 바
로잡는다.

◆ 모두가 스승

어릴 때 아버지의 서재에서 소설가 요시카와 에이지가 쓴 《나 이외에는 모두가 스승》이라는 책을 발견하고 '훌륭한 말을 하는 분이구나' 하고 감명을 받았던 기억이 난다. 공자의 이 말도 마찬가지 의미이다. 뛰어난 사람에게도 그렇지 못한 사람에게도 언제나 배울 점이 있다.

◆ 실패하는 사람의 결점은 무엇인가

일 처리가 늦거나 실수가 잦은 사람, 또는 능력이 뒤처지는 사람이 주위에 있으면 자신에게 그 불똥이 튀어 언짢은 일이 생길 수 있다. 하지만 '현명한 사람은 다른 사람의 결점을 보고 자기 결점을 고친다'는 서양 속담이 있듯이, 반면교사로 삼으면 자신이 성장하고 발전하는 기회로 바꿀 수 있다.

구체적으로는 우선 '왜 이 사람은 안 되는 걸까?' 그 원인을 생각해 보라. 그러면 어떤 점이 부족하고 어떤 자세가 결여되어 있는지 지적할 사항을 쭉 꼽을 수 있다. 그 결점들을 자신이 일할 때 확인 항목으로 활용하면 확실히 실수가 줄어든다. 반대로 일 잘하는 사람의 장점을 리스트업한 뒤 따라 하려고 노력하면 한층 더 능력을 키워 나갈 수 있다.

◆ **나보다 뛰어난 점과 부족한 점을 찾는다**

다른 사람에게 무언가를 배울 때는 그 사람을 전체적으로 보지 말고 각각의 기술에서 자신보다 뛰어난가 뒤처지는가, 하는 시점에서 바라보는 것이 좋다. 그런 시각이 없으면 팀 안에서 자신이 가장 뛰어날 경우, 다른 사람에게 배우기가 어렵다.

내게 부족한 점과 다른 사람의 장점을 접목해 새로이 배울 점을 찾으면, 수준이 그다지 높지 않은 집단 내에서도 자신의 실력을 더욱 연마할 수 있다. 일에서도 사생활에서도 마찬가지다. 예를 들어 영업 노하우는 이 사람, 회의 준비는 이 사람, 이성 친구를 사귀는 데는 이 사람, 하는 식으로 분야마다 각각 스승을 찾아 항상 따라다니면서 비결을 배우는 것도 자신의 실력을 갈고닦는 멋진 방법이다.

{28}

내가 알고 있는 정보는
일부일 수 있다

태백편 14장

不在其位 不謀其政
부 재 기 위　불 모 기 정

그 지위에 있는 게 아니라면 그 일에 관해서는 논하지 말
아야 한다.

◆ 함부로 나서거나 평가하지 마라

위 구절은 회사의 결정과 상사의 판단 등 자신에게 결정권이 없는 일에 관해서 함부로 이런저런 군말을 하지 말라는 뜻이다. 만약 그 결정을 바꾸고 싶다면 자신이 그 위치로 올라가면 된다. 이것이 공자의 사고관이다. 물론 상사가 자신에게 의견을 구할 때는 예외로 한다. 이는 무사안일주의가 아니라, 지위에 맞춰 자신의 일을 실행하는 것이 중요하다는 조직론에 가깝다.

그 위치나 입장이 되지 않고서는 알 수 없는 일이 있기 마련이다. 나는 특히 30대가 이 부분을 이해했으면 한다. 실무를 주로 맡는 30대의 입장에서는 장기적인 관점과 관리적인 관점을 중시하는 조직의 방침과 대립될 때가 분명 생길 것이다. 회사나 상사의 결정에 불만이 있더라도, 자신이 알고 있는 게 전부가 아닐 수 있음을 기억하고, 무턱대고 행동하거나 함부로 평가하지 않도록 주의하자. 전후 사정을 먼저 파악하는 게 우선이다. 이는 사람을 대할 때도 똑같이 통용되는 지혜다.

자극제가 되어 주는
인간관계를 늘린다

계씨편 4장

益者三友 損者三友 友直 友諒 友多聞
익 자 삼 우   손 자 삼 우   우 직   우 량   우 다 문

益矣 友便辟 友善柔 友便佞 損矣
익 의   우 편 벽   우 선 유   우 편 녕   손 의

유익한 벗에 세 종류가 있고 해로운 벗에 세 종류가 있다.
인간성이 올곧은 정직한 벗, 성실한 벗, 지식이 있고 견문
이 넓은 벗은 유익하다. 반면에 올곧지 못하고 추종하는
벗, 속과 겉이 다르고 불성실한 벗, 말만 앞세우는 벗은 해
롭다.

◆ 익자삼우를 기억하라

30대는 사회인으로서 자리를 잡는 시기이다. 그만큼 인간관계가 매우 중요한데, 그 기준이 될 수 있는 것이 '익자삼우'이다. 자신이 성장하는 데 자극제가 되어 줄 수 있는 사람을 친구로 삼아라.

◆ 친구와의 관계를 짙고 옅음으로 분류한다

앞서 2장에서 30대에는 일도 가정도 자신의 힘으로 이끌어 나가기를 목표로 하라고 이야기한 바 있다. 마찬가지로 친구를 사귈 때도 이미 어엿하게 한 사람 몫을 해내며 노력하고 있는 사람과 깊게 사귀는 것이 좋다. 반면에 학창 시절에 이어 계속 만나고는 있지만 나의 성장에 별다른 자극이 되지 않는 친구와는 적당히 현상 유지를 하는 게 낫다. 그렇다고 해서 인연을 딱 끊어 낼 필요까지는 없다. 적당한 거리의 친구 관계가 중장년이 되면 더 편하고 좋을 수도 있기 때문이다. 한마디로 친구에 따라서 그 만남에 '농담濃淡', 즉 짙고 옅은 정도를 가리는 것이 필요하다.

물론 나의 성장에 자극을 주지 않는다고 해서 전혀 의미가 없는 것은 아니다. 마음이 편한 친구와는 원래의 관계를 그대로 유지하면 된다. 그러면서 성장을 중심으로 기존의 관계를 정리하거나 새로운 만남을 추구해 가는 것이야말로 30대에 필요한 교우 관계라고 할 수 있다.

◆ 경험치가 높은 인생 선배에게 배워라

또한 공자가 견문이 넓은 사람을 친구로 두면 좋다고 말했듯이, 자신보다 경험치가 높은 사람이나 인생 선배에게 배우는 그런 관계도 유익할 수 있다.

예를 들어 가수 이노우에 요스이 씨는 소설가 아사다 데쓰야 씨와 취미로 마작을 하면서 친분을 쌓았다고 한다. 마작 테이블에 앉아 게임을 하는 동안 사물과 인생에 대해 논하며 자신의 가치관을 다듬을 수 있었다는 것이다.

30대라면 한 분야의 전문가를 찾아 배우는 것도 시도해 보길 권한다. 친구라고 하면 주로 동년배를 떠올리기 쉽지만, 교우 관계의 연령 폭을 크게 넓혀 보면 자신의 미숙함을 보완하는 좋은 자극이 될 것이다.

옆에 있지 않아도
곁에 있는 사람

이인편 25장

德不孤 必有鄰
덕 불 고 필 유 린

덕은 외롭지 않으며 반드시 이웃이 있다.

◆ 덕이 있는 행동은 서로 연결된다

'덕德'에는 여러 가지가 있지만, 따로따로 떨어져 있지 않다. 그러므로 한 가지를 몸에 익히면 반드시 이웃해 있는 덕도 따라온다는 의미다.

예를 들어 공자가 강조한 '인의예지仁義禮智'의 덕 중에서 예를 몸에 익히자고 마음먹었다고 해 보자. 이를 위해 열심히 인사를 하고 다녔는데, 그러다 보니 인사 예절이 몸에 익게 되었다. 시간이 지나자 주변 사람들의 신뢰를 얻을 수 있었고 덕택에 좋은 인간관계를 맺게 되었다. 이처럼 단순한 인사 하나에서도, 고구마 덩굴처럼 여러 가지 긍정적인 효과가 딸려 온다.

◆ 커뮤니케이션 능력을 단련하라

이런 고구마 덩굴식 성과를 얻는 데는 공부도 효과적인 수단이다. 공부로 지식을 쌓으면 선악을 구분하는 판단력이 생기고 용기와 정의감 같은 덕이 따라온다. 또한 인간에 대한 깊은 통찰력이 생겨나 자상한 배려로 이어지면 '인'이 갖춰진다. 즉 공부는 지식과 동시에 인격을 연마해 준다.

덕이라고 하면 '인의예지'만 생각하기 쉽지만, 오늘날

의 시대에는 커뮤니케이션 능력을 인격의 일부로 인식해도 좋다. 커뮤니케이션 능력은 자신이 하고 싶은 말을 효과적으로 전달하는 기술일 뿐만 아니라 인격의 모든 부분과 연관되기 때문이다.

예를 들어 '다른 사람과 이야기할 때는 활기차게 말하고 밝은 표정을 짓자' 하고 목표를 정해 의식하면, 그것만으로도 사람을 대할 때 세심한 태도를 보일 수 있다. 이런 식으로 작은 목표를 정해 다른 사람에게 말을 거는 것부터 시작하면, 커뮤니케이션 능력은 물론 좋은 인성도 갖춰진다.

◆ **옆에 있지 않아도 곁에 있는 사람**

공자가 말한 '덕불고 필유린'에는 또 다른 해석이 있다. 바로 '인간적으로 좋은 점이 있는 사람은 고립되지 않는다. 반드시 친구나 동료가 있다'는 것이다.

꼭 친구가 많지 않아도 괜찮다. 어딘가 서로 이해할 수 있는 사람이 있으면 충분하다. 나 같은 경우에는 1년에 한 번 만날까 말까 한 사이의 친구가 몇 명 있는데, 한 번씩 만나게 되면 서로 근황을 전하고 "힘들지만 또 열심히 살아보자" 하고 편히 대화를 나눌 수 있다.

20대에는 마음 상태가 불안정하므로 자주 보면서 서로 위로하고 뭔가를 같이 하는 친구가 필요할지도 모른다. 하지만 30대는 그런 익숙한 관계는 최소로 유지한 뒤, 가족을 이루고 일에 집중하는 것을 인간관계의 축으로 삼을 필요가 있다. 한마디로 30대들은 옆에 있지 않아도 곁에 있는 사람을 만들려고 노력해야 한다.

4장

능력을 키우고 제대로
펼치기 위한 가르침

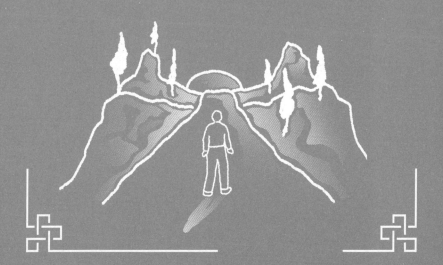

능력이 부족해서
할 수 없다는 그 말

冉求曰 非不說子之道 力不足也
염 구 왈 비 불 열 자 지 도 역 부 족 야

子曰 力不足者 中道而廢 今女畫
자 왈 역 부 족 자 중 도 이 폐 금 여 획

제자 염구가 말했다. "저는 스승님의 도를 좋아하지만, 따르기에 힘이 부족합니다." 그러자 공자가 말했다. "정말로 능력이 부족한 자는 중도에 그만두니, 지금 너는 스스로 한계를 긋고 있는 것이다."

◆ 한계에 도전하는 마음가짐을 지녀라

이 짧은 대화 속에는 사제 간의 엄격함이 응축되어 있다. 요즘에도 "저는 능력이 부족해서 이 일을 할 수 없습니다" 하고 말하는 사람에게 이처럼 강력한 조언을 해 주는 사람이 과연 있을까? 염구의 입장에 서서 이 구절을 되새겨 보자.

◆ 겸손인가 핑계인가

어려울 것으로 예측되는 업무나 수준이 너무 높다고 느껴지는 일을 앞에 두면, 우리는 다소 겸손하게 "아니오, 저한테는 어렵습니다. 능력이 부족해요" 하고 말하는 경향이 있다.

정말로 겸손해서 이렇게 말하는 사람도 있겠지만, 대개는 마음속 어딘가에서 이 일에 도전하고 싶지 않은 핑계가 잠재되어 있다. 혹은 시간이 없다는 현실을 구실 삼아 '할 수 없다'고 말하는 경우도 많다. 우선 이 사실을 인식하는 것이 중요하다.

스스로 자신의 한계를 그어 버리면 성장할 기회를 놓치기 때문이다. 이를테면 예전에 수영 종목의 남자 100미터 자유형에서는 '50초의 벽'이 있었다. 많은 선수가 그 벽을 깨기는 불가능하다고 생각했다. 그런데 한 사람이 그 벽을 깨뜨리자 이후로는 50초의 벽을 뛰어넘는 선수가 잇달아 나왔다. 한계의 설정치가 무너짐으로써 사람들의 잠재 능력이 발휘된 것이다.

◆ 전력을 다해 도전한 적이 있는가

특히 30대는 체력적으로나 정신적으로나 인생에서 가장 건강할 시기이다. 그렇기에 전력을 다해 한계에 도전하는 의미가 있다. 사실 40대가 넘으면 전력을 다하는 자체가 어려워진다. 예전에 삿포로맥주 광고에서 '서른 살까지 잡아당겼던 활이 지금 날아가고 있는 느낌'이라는 카피가 나온 적이 있는데, 실제로 40대는 30대에 힘껏 달려온 여력으로 가속을 붙여 나가는 시기이다.

어떤 식이 됐든, 30대는 분명 도전의 시기다. 전력을 다해 도전한 적이 있는가? 한 번이라도 핑계를 접어 두고 전력을 다해 도전할 때, 이후의 삶을 높은 수준으로 변화시킬 수 있다.

{32}

실수와 잘못에 대처하는
올바른 자세

丘也幸 苟有過 人必知之
구야행 구유과 인필지지

나는 행복한 사람이다. 내가 잘못을 저질러도 누군가가 이
를 발견하고 알려주니까.

◆ 잘못을 순순히 인정하는 유연한 자세

진나라 관리가 공자에게 "노나라의 선대 군주 소공(노나라의 25대 군주-역주)이 예禮를 아는 사람입니까?" 하고 물었다. 노나라 출신인 공자는 그렇다고 대답하고 방을 나갔는데, 그러자 진나라 관리가 공자의 제자에게 질문을 던졌다. "소공은 같은 성씨와 결혼하지 못한다는 주나라의 예법을 깨고 오나라에서 같은 성씨의 부인을 맞이한 과거가 있습니다. 게다가 이 사실을 숨기려고 부인의 이름을 바꿔 송나라 사람인 것처럼 꾸몄지요. 그런 소공이 예를 아는 사람이라면 예를 모르는 사람은 없을 것입니다. 공자께서는 소공을 감싸는 것인가요?"

제자를 통해 이 말을 전해 들은 공자는 위의 구절을 남겼다. 잘못을 지적받고 불쾌해하는 사람도 있겠지만 순순히 인정하는 면모에서 공자의 깊은 인품을 엿볼 수 있다.

◆ 불쾌한 자극도 또한 자극이다

잘못을 지적받고 나서 공자처럼 '나는 행복한 사람이다' 하는 데까지 생각이 이르기는 조금 어려울지도 모른다. 나는 대학생 시절, 교수님 한 분이 어떤 한자를 계속 잘못 읽기에 "교수님, 그건 이렇게 읽는 건데요" 하고 지적한 적이 있었다. 그런데 그 교수님이 너무도 화를 내는 바람에 관계가 불편해지고 말았다. 잘못을 지적받았을 때 불쾌하게 여기는 사람이 확실히 더 많고, 그건 우리 또한 예외가 아닐 것이다.

실수뿐만이 아니다. 인간은 진실을 들키면 화를 내는 경향이 있다. 그러니 듣기 싫은 말을 듣거나 감추고 싶은 점을 지적받았을 때는 감정을 다스리고 그 지적을 받아들이도록 노력해 보자. 그렇게 하면 오히려 "그 사람은 그릇이 크더라" 하는 말을 듣게 된다. 또한 어떤 안건을 두고 논의를 할 때도 반론을 들었다고 해서 화를 내서는 안 된다. 논의란 원래 반론을 탄력 삼아 진행해 나가는 과정이다. 마음을 유연하게 할 필요가 있다.

◆ **실수나 잘못이 있으면 바로 사과하라**

잘못을 지적받거나 스스로 깨달았을 때는 어떻게 처신하느냐가 중요하다. 체면이 서지 않는다거나 자존심이 상한다고 생각하지 말고 바로 사과하는 것이 좋다. "죄송합니다. 제가 착각했어요" 하고 솔직하게 대응하면 인간관계가 편안해진다.

그 한순간의 타이밍을 놓치면 변명이나 발뺌을 하는 모

양새가 되어, 잘못을 지적한 상대를 불쾌하게 할 수도 있다. 예전에 내 학생 중 하나가 교생 실습을 나갔다가 잘못을 저질러서, 담당 교수로서 사과를 하러 간 적이 있었다. 그때 "일정이 좀 빡빡했던가 봅니다" 하고 변명부터 했다가 일을 더 크게 만드는 실수를 했다. 가뜩이나 화가 나 있는 상대에게 불난 데 기름을 부은 격이 되어 버린 때문이다. 상대의 감정이 더 격해지는 바람에 사태를 수습하는 데 무척 고생했던 기억이 난다. 이럴 때는 잘못을 인정하고 깔끔하게 사과해야 상대도 마음을 연다.

실수는 누구나 하는 것이다. 다만 이후에 같은 실수를 되풀이하지 않고 개선하는 것이야말로 중요하다는 본질을 간과해서는 안 된다. 이 사실을 인식해야 잘못을 성장의 거름으로 삼는 과정을 시작할 수 있다.

◆ 의견을 수렴하는 시스템을 만든다

최근에는 대부분의 기업에서 고객의 불만을 접수하거나 의견을 듣는 고객 상담센터를 운영하고 있다. 이는 '잘못된 부분을 고치고 상품과 서비스의 미비한 점을 개선하자'는 자세를 보여 준다. 실제로 고객의 불만을 해결하고자 하는 과정에서 탄생한 신상품이 큰 인기몰이를 한 사례도 있다.

이렇게 의견을 수렴하는 시스템이 사내에도 갖춰져 있으면 좋다. 이 경우, 신입사원이나 팀의 막내가 상사에게 의견을 내기는 좀처럼 쉽지 않으므로, 중간 직위에 있는 사람이 그들의 의견을 모아서 귀담아들어야 한다. 그 임무를 주로 맡을 사람이 바로 30대이다.

프로의 세계에서는
변명이 통하지 않는다 자장편 8장

小人之過也必文
소 인 지 과 야 필 문

소인은 잘못을 저지르면 그럴싸하게 둘러댄다.

◆ 사람을 보잘것없게 만드는 태도

위 구절 또한 잘못에 관한 가르침으로, 자하라는 제자가 한 말이다. 《논어》는 원래 제자들이 스승인 공자의 어록을 정리해 쓴 책이므로 제자의 말도 공자의 가르침을 반영하고 있다.

소인이란 인간적으로 그다지 성숙하지 못한 사람을 의미하며 《논어》에서는 이 말을 덕이 높은 군자와 대비해서 자주 언급하고 있다. 자하가 한 이 말은 〈위령공편 20장〉에 나오는 공자의 다음 말과 함께 기억해 두면 좋다. '군자구저기 소인구저인君子求諸己 小人求諸人(군자는 자신을 탓하고 소인은 남을 탓한다).'

이 두 가지 어록을 통해, 우리는 잘못이 있으면 바로 인정하고 고치는 것이 군자의 태도이며, 어물쩍 속이려 하거나 변명을 하는 것이 소인의 태도임을 알 수 있다. 군자의 마음가짐과 소인의 언동을 대비해서 생각하는 습관을 들이면 자연스럽게 군자의 영역에 가까워질 수 있을 것이다.

◆ 프로의 세계에서는 변명이 통하지 않는다

나는 대학에서 교사를 목표로 하는 학생들을 가르친다. 그래서 다른 건 몰라도 교생 실습 대비 수업을 할 때만큼은

출결석과 지각 관리를 철저히 한다. 사회가 그 정도로 엄격하다는 것을 가르쳐야 하기 때문이다. 실제로 교생 실습을 나간 학교에서 사전 회의를 요청했는데, 10분 늦은 학생이 실습을 취소당한 경우도 있다. 그런데도 대부분의 학생들은 5분이나 10분쯤의 지각은 별일 아니라고 생각한다.

한번은 내 수업에 30분 정도 지각한 학생이 있었다. 이유를 묻자 "몸이 안 좋아서요" 하는 대답이 돌아왔다. 몸이 안 좋은데도 빠지지 않고 출석한 점은 칭찬하지만 그렇다고 해서 마냥 너그럽게 대할 수는 없는 일이었다. 학생 때는 컨디션이 조금만 안 좋아도 쉽게 수업을 빠질 수 있지만, 선생님이 됐을 때는 어지간히 아프지 않고서는 수업을 쉬기가 힘들다. 나는 그 학생에게 프로로서의 마인드를 상기시키고, 수업 실습을 해 보도록 했다. 그러자 학생은 조금 힘들어하면서도 밝게 웃는 표정으로 활기차게 이야기하기 시작했다. 수업 실습을 다 끝내자 모두 큰 박수를 보내며 응원했다.

컨디션이 좋지 않거나 혹은 무슨 일이 있을 때도 자신에게 핑계를 대지 말고 일을 끝까지 해내는 것이 프로다. 어물쩍 넘어가거나 변명을 해서는 안 된다고 각오하는 자세가 중요하다.

{34}

때론 양적 체험이
질적 변화를 만든다 자한편 18장

譬如爲山 未成一簣 止吾止也
비 여 위 산 미 성 일 궤 지 오 지 야

譬如平地 雖覆一簣 進吾往也
비 여 평 지 수 복 일 궤 진 오 왕 야

비유컨대 이는 산을 쌓는 것과 같다. 마지막 한 삼태기의
흙을 붓지 못하고 멈추더라도 그것은 내가 멈춘 것이다.
이는 또한 땅을 고르는 일과도 같다. 비록 한 삼태기의 흙
을 땅에 부었더라도, 나아감은 내가 나아간 것이다.

◆ 그만두는 것도 계속하는 것도 자신에게 달렸다

'우공이산愚公移山'이라는 고사성어가 있다. 우공이라는 노인이 통행에 불편을 끼치는 산을 다른 곳으로 옮기기 위해 흙을 나르기 시작한 것을 보고, 옥황상제가 산을 다른 곳으로 옮겨 주었다는 이야기에서 유래한 말이다. 끊임없이 노력을 계속하면 큰일을 해낼 수 있다는 의미를 담고 있다.

공자가 산을 쌓는다고 한 것도 같은 의미다. 목표로 한 일을 달성할 수 있다고 믿고 꾸준히 노력하는 마음가짐이 얼마나 중요한지를 설파하고 있다.

◆ 성공 체험을 늘린다

예전에 초등학생 200명과 '나쓰메 소세키의 소설《도련님》을 하루 동안 음독하기'에 도전한 적이 있다. 아이들은 30분 만에 지친 모습을 보였지만, "어떻게든 끝까지 해 보자. 너희들은 할 수 있어" 하고 격려했더니 6시간 만에 목표를 달성했다.

이렇게 목표 달성 체험을 하고 나면, 다음에 또 이 같은 도전 주제가 생겼을 때, 자신감을 갖고 나설 수 있다. 뒤집어 말하면, 해내겠다고 결정한 일을 도중에 포기하지 않기 위해서는 성공 체험을 늘려 가는 것이 매우 중요하다.

◆ 반복 연습으로 몸에 익힌다

또 한 가지 핵심은 방법을 몸에 익히는 일이다. 이를테면 캐치볼을 한다고 할 때 '백 번 연습하면 잘하게 된다'고 믿고 도전한다. 그것을 '한 번, 두 번…' 하고 세면서 연습하다 보면 착실하게 목표를 향해 나아가고 있다는 것을 실감할 수 있다. 이렇게 해서 백 번을 해내면 그 후에는 고생하지 않고 천 번, 만 번과 같이 더 높은 기록을 이룰 수 있다. 도중에 포기하지 말고 끝까지 해내는 끈기가 몸에 붙는다.

기술이란 반복을 목표로 해야 익숙해진다. 수없이 반복해 연습함으로써 일정한 틀이 만들어지면 그 기술을 응용해서 할 수 있는 일이 늘어난다. 양적 반복이 질적 변화를 가져오는 것이다.

무엇보다도 계속할 수 있는 환경을 조성하는 것이 중요하다. 무언가 습득하고 싶은 기술이 있을 때 의지를 관철할 수 있는 환경을 만드는 방법도 함께 생각하면 좋을 것이다.

{35}

싹을 틔우고도
꽃을 피우지 못하는
사람

자한편 21장

苗而不秀者 有矣夫
묘 이 불 수 자　유 의 부

秀而不實 者有矣夫
수 이 불 실 자　유 의 부

싹을 틔우기는 했으나 꽃을 피우지 못하는 사람도 있고,
꽃은 피웠으나 열매를 맺지 못한 사람도 있다.

◆ **재능에 스위치를 켜는 것이 중요하다**

포기하지 말고 배움에 임하는 것이 중요하다. 냉정하게 들릴지도 모르지만, 이 말에는 '멍하니 있다가는 애써 싹 튼 재능이 꽃을 피우지 못할 수도 있다. 또 꽃이 피어도 금세 시들고 말 것이다'라는 의미를 담고 있다. 그렇게 되지 않으려면 어떻게 해야 좋을까. 이 점을 생각해 보자.

◆ **적응력도 재능이다**

프로야구 관련 뉴스를 보고 있으면 오프 시즌에 지명 할당(등록된 명단에서 제외하여 계약을 변경 또는 해지하기 위한 절차. 방출대기라고도 하며 일본에서는 '전력 외 통고'라고 한다-역주) 통보를 받은 선수가 자주 화제에 오른다. 개중에는 '드래프트 1위로 지명받았던 선수가 어쩌다가?' 하는 의문이 들 때도 있다. 드래프트 1위라고 하면 전국의 유능한 선수들 가운데서도 열 손가락 안에 드는 사람들이다. 그 시점에서는 프로에서 활약할 만한 재능을 충분히 갖고 있다고 모두가 인정한 셈인데, 그런 좋지 않은 성적을 거둔 것이다. 반면에 육성 선수(정식 신인 드래프트에 선발되지 않은 선수-역주)로 입단했어도 정식 선수 등록을 거쳐 1군의 정규 선수까지 오르는 선수도 있다.

그 차이는 어디서 생기는 것일까. 결국 재능을 꽃피울 수 있느냐 없느냐에서 차이가 발생하며, 이 결과를 좌우하는 요소 중 하나가 적응력이다. 여기서의 적응력이란 자신이 놓여 있는 상황을 똑바로 인식하고 그곳에서 자신이 해야 할 일이 무엇인지를 명확하게 판단해 더 높은 단계로 올라가려는 노력을 지속하는 것을 말한다. 그 과정에서 '어차피 나는 육성 선수이니까' 하고 스스로 핑계를 대지 않고, 또한 '나는 드래프트 1위이니까'라며 교만하지 않고 계속 노력하는 것이 적응력이다. 모두 그렇다고는 말할 수 없지만 실패한 드래프트 1위 선수 중에는 연습을 게을리하고 밤거리를 놀러 다닌 사람도 분명 있었을 것이다.

프로야구뿐만이 아니라 학문의 세계도 똑같다. 매일매일 오랜 시간을 공부하지 않으면 재능을 꽃피우기가 힘들다. 비즈니스 사회 역시 마찬가지이다.

◆ 재능을 꽃피우는 선순환 만들기

재능은 누구에게나 있다. 그러나 그 싹에서 꽃이 피고 열매를 맺으려면, 자신이 처한 상황에 걸맞은 의지와 노력이 필요하다.

좋은 스승, 좋은 코치, 좋은 상사를 만나면, 우리는 자극을 받고 의욕이 차올라 좋은 결과를 내게 된다. 좋은 결과가 나오면 더욱 의욕이 불타오르는 선순환 궤도로 올라탈 수 있다. 반대로 굳은 의지를 다지며 회사나 팀에 들어가고도 좋은 상사를 만나지 못하면 꽃도 피우지 못한 채 끝나 버리기 십상이다.

회사마다 다르겠지만, 빠르면 30대 초반 늦어도 30대 후반이 되면, 대개 후배들을 이끌어 줘야 하는 위치에 올라서게 된다. 그러니 지금 당장은 아닐지라도 자신이 좋은 선배가 되어 후배나 팀원을 자극하는 역할도 시야에 넣어야 한다. 30대는 앞으로 40대를 거치면서 열매를 맺어 갈 시기이기도 하므로, 후배가 성장할수록 자신도 좋은 자극을 받을 수 있다.

유전자 연구에 매진했던 분자생물학자 무라카미 가즈오 교수에 의하면 천재도 범재도 유전자는 99퍼센트 똑같다고 한다. 재능의 차이는 그 유전자에 스위치를 켜느냐 못 켜느냐에 달려 있다. 예전에 복제 양을 처음 만들 때 가장 힘들었던 것은 양의 모든 DNA에 스위치를 켜는 일이었다. 그런데 온갖 시행착오를 거친 끝에, 복제 양을 기아 상태로 내몰고 나니 모든 DNA에 스위치가 켜졌다고 한다. 우리는 누구나 재능을 갖고 있으므로, 재능의 유무를 따지기보다는 그 DNA에 스위치를 켜겠다고 의식하는 것이 더 중요하다.

{36}

자만심과 질투심의
함정에 빠지지 않는다
자한편 22장

後生可畏 焉知來者之不如今也
후 생 가 외 언 지 래 자 지 불 여 금 야

四十五十而無聞焉 斯亦不足畏也已
사 십 오 십 이 무 문 언 사 역 부 족 외 야 이

자신보다 나중에 태어난 이들에게 두려움을 느끼는 것은
당연하다. 어찌 그들의 장래가 지금의 나보다 못할 것이라
단정할 수 있겠는가. 그러나 나이가 마흔이 되고 쉰이 되
어도 명성을 얻지 못한 사람은 두려워할 필요가 없다.

◆ 언제나 있어 왔던 '요즘 애들'

고대 이집트 시대부터 연장자들은 '요즘 애들은'이라는 말을 해 왔다. 그만큼 나이가 들수록 젊은 세대가 믿음직스럽게 보이지 않는다는 뜻이리라. 업무적으로 30대는 위와 아래에 끼인 세대이다 보니, 양쪽으로 세대 차이를 실감한다. 특히나 실무자로서 후배를 가르치거나 중간 관리자로서 신입사원을 대해야 할 때, '요즘 애들은 안 돼!' 하고 느끼기 시작한다. 하지만 공자는 '젊은 사람을 업신여겨서는 안 된다'고 경고했다.

◆ 단점을 역이용해 발전시켜라

한동안 일본에서는 "그래서 유토리 세대(일본에서 2002년도부터 실시한 창의성과 자율성 중시 교육을 받은 1987~2004년 출생 세대를 가리키는 말로, 오히려 학력 저하 등의 심각한 문제가 발생했다고 여겨져 나중에는 젊은 층을 비하하는 말로 굳어졌다-역주)는 안 되는 거야"라는 표현이 유행했었다. 하지만 그렇게 말하는 기성세대가 그 정도로 많은 유토리 세대를 실제로 접해 본 것은 아니다. 언론이나 주변에서 떠드는 소리를 듣고 왠지 모르게 믿음직스럽지 못하다고 느끼고 있을 뿐이다. 유토리 세대를 무조건 '온순하고 학력이 낮

으며 의욕이 있는 것도 없는 것도 아닌 애매한 젊은이들'
이라고 업신여긴다면 그들이 틔워 낸 성장의 싹을 잘라
버릴 위험이 있다.

나는 최근에도 200여 명의 유토리 세대를 가르쳤다. 이
때 유토리 세대에 대해 기존에 갖고 있던 선입견을 거꾸
로 이용해서, "여러분은 성실하니까 과제를 기한 내에 잘
제출할 거라 믿습니다. 지금까지는 원하는 사람만 발표
를 시켰지만 앞으로는 전원 발표로 형식을 바꿀게요" 하
고 공표했다. 그랬더니 수강생 전부가 어찌나 열심히 발
표 준비를 해 오는지, 근 20년간 가르친 학생들 가운데 최
고 수준일 정도였다. 무조건 '안 된다'나 '불가능하다'고
단정짓거나 편견을 갖지 말고 단점을 오히려 장점으로 전
환시키는 지도법을 고민해야 한다.

◆ **청년층을 폄하하는 행위의 이면**

기성세대가 젊은 세대를 폄하하는 행위의 이면에는, 자
신이 청년층에게 추월당하고 싶지 않다는 심리가 잠재해
있는 경우가 많다. 회사는 경쟁 사회이므로 자신에게 없
는 능력이나 발상을 가진 후배가 있을 때, 의식적이든 무
의식적이든 가능성을 짓밟으려고 하는 것이다. 이러한 행

위는 스스로 자신에게 지도력이 없다는 낙인을 찍는 행위로, 그 근본에 자리하고 있는 감정은 질투심이다.

어떤 사람들은 '내가 이런 젊은 애송이에게 뒤처질 리가 없어' 하고 우습게 보면서, 발전하려는 노력은 게을리한다. 그러다 깨닫고 보니 어느새 젊은 세대에게 추월당했음을 알게 되는데, 이런 사태는 자만심에서 비롯된다.

다시 말해, 젊은 세대에게 질투심과 자만심을 가지고 있으면, 후배의 잠재된 가능성의 싹을 잘라 버리거나 자신의 성장이 멈추게 되므로 좋을 게 하나도 없다. 30대에는 이 두 가지 함정에 빠지지 않도록 젊은 세대의 능력을 존중하면서 일하는 자세가 필요하다.

◆ 나이가 들수록 노력이 효과를 보기 힘들다

마지막 문장에서 공자는 매우 따끔한 말을 하고 있다. 마흔이 되고 쉰이 되어도 명성을 얻지 못한다면 별 볼 일 없다고 말이다.

죽을 때까지 공부해야 한다고 강조한 데 비해 여기서는 상당히 현실적인 이야기를 하는구나 싶어 당황스럽지만, 나는 이렇게 해석하고 있다. 30대까지 노력해서 어느 정도 눈에 보이는 성과를 이뤄 놓지 못하면 마흔이나 쉰이 되었을 때 참담할 것이라고 말이다. 이는 젊을 때만큼 노력이 큰 효과를 내지 못하기 때문이다.

30대는 한창 성장하고 발전할 시기다. 이렇게 중요한 시기에 자신보다 젊은 세대를 우습게 보고 자만에 빠지거나 질투하고 있을 여유가 없다. 배울 점은 배우고 키워 줘야 할 점은 키워야 한다. 그런 메시지를 담아 마지막 부분을 덧붙인 것이라고 받아들이도록 하자.

{37}

문제가 생겼을 때
도움을 구하는 법

위령공편 15장

不曰如之何如之何者
불 왈 여 지 하 여 지 하 자

吾末如之何也已矣
오 말 여 지 하 야 이 의

'이를 어찌할까, 어찌하면 좋을까?' 하고 깊이 생각해 묻지

않는 자는, 나도 어찌할 도리가 없다.

◆ 상담할 일은 타이밍이 중요하다

문제가 닥쳤을 때 '어떻게 하지? 어떻게 하면 좋을까?' 하고 머리를 싸맬 정도로 고민하는 자세가 필요하다고 공자는 강조한다.

'어떻게 할까?' 하고 괴로워한다는 것은 뭔가 간절한 상황으로 내몰려 어떻게든 해야만 한다고 자문자답하고 있는 상태이다. 그런 식으로 '어떻게 하지?'라는 의문을 갖는 것은 매우 중요하다. 문제가 생겼을 때 아무런 의문도 품지 않고 멍하니 있는 사람은 거론할 가치가 없다. 주변의 다른 사람들도 도와주려 하지 않을 것이다.

조금만 곤란한 일이 생겨도 바로 쪼르르 달려오는 사람은 확실히 난감하다. 반면에 자기 혼자 머리를 싸매고 고민만 하면서 그 누구에게도 상의하려고 하지 않는 사람도 문제다. 어느 정도 깊이 고민하고 나서 그래도 판단하기 어려운 일일 때 주변 사람에게 도움을 청하는 자세가 가장 좋다.

◆ 판단 재료를 갖추고 나서 상담을 청하라

문제를 해결하기 위해 상사에게 상담을 청할 때는 일종의 스킬이 필요하다. 우선 스스로 판단할 수 있는 일과 윗

사람에게 판단을 부탁해야 할 일을 구별해야 한다. 그런 다음에 상황을 이해시키기 위한 자료를 갖추고 자신의 생각을 정리해서 "저는 이렇게 생각하는데 한번 보시고 판단해 주시길 바랍니다", "A안과 B안 중에서 고민하고 있는데 어떤 게 더 효과적일까요?" 하는 식으로 의논하는 게 좋다. 그런 준비를 확실히 해두면 상사도 "그렇다면 B안으로 가 보자!" 하고 판단을 내리기가 쉽다.

나도 다른 사람과 의견을 교환할 일이 많은데, 유능한 사람은 항상 "이 건에 관해서 저는 이렇게 하고 있는데, 선생님께서 보시고 결정해 주세요. 자료는 여기 있습니다" 하는 식으로 의논을 해 온다. 덕분에 나는 막연한 설명을 듣거나 자료 없이 일을 떠맡지 않고 원활하게 일을 진행할 수 있다. 중요한 사항을 판단하고 나서 나머지 세세한 부분을 부탁하는 것이다.

상황에 따라 '적당함'의
기준이 달라진다

선진편 15장

子貢問 師與商也孰賢
자 공 문 사 여 상 야 숙 현

子曰 師也過 商也不及
자 왈 사 야 과 상 야 불 급

曰 然則師愈與 子曰 過猶不及
왈 연 즉 사 유 여 자 왈 과 유 불 급

자공이 "자장과 자하 중에서 누가 더 뛰어납니까?" 하고
물었다. 공자는 "자장은 매사에 너무 지나치고 자하는 미
치지 못한다" 하고 답했다.
자공이 "그렇다면 자장이 더 뛰어난 건가요?" 하고 물으
니, "지나침은 미치지 못함과 같다" 하고 답했다.

◆ **적당한 경계를 아는 감각을 익혀라**

자주 들었던 '과유불급過猶不及(지나침은 미치지 못함과 같다)'이란 말의 출처다. 역시나 중용의 중요성을 강조하고 있는데, 여기서는 '딱 알맞은 선'을 어떻게 찾느냐 하는 부분을 중심으로 살펴보자.

◆ **한 번 지나쳐 보면 적당한 선을 알 수 있다**

젊은 세대를 보고 있자면 '지나치는' 일이 줄어들고 있음이 느껴진다. 30년 전의 학생들은 열정이 넘쳐서 종종 지나치는 면이 있었지만, 요즘 학생들은 조심스러우며 성실해서 어떤 일에도 지나치는 경우가 별로 없다. 오히려 '미치지 못하는' 경우가 더 많은 것 같다.

하지만 딱 알맞은 지점을 알려면 한 번쯤 조금 지나쳐 보는 일도 필요하다. 예를 들어 골프를 배울 때, 프로 선수에게 이런 조언을 들었다. "퍼트를 칠 때 힘이 너무 약해서 노리던 지점에 미치지 못하면, 홀에 공을 넣기 위한 힘의 정도를 좀처럼 알 수가 없어요. 그렇게 치기보다는 홀을 넘어갈 정도로 강하게 치는 것이 더 좋습니다." 이는 지나치는 위험을 선택해 본 뒤 가늠하여 딱 알맞은 지점을 파악하는 방법이다.

업무량이든 주량이든 조금 지나쳐서 고생을 해 보면, 되돌아보며 조금씩 멈추고 자제할 줄 알게 된다. 반면에 미치지 못할 경우는 고생을 겪을 일이 적기도 하고 그다지 크게 실패할 일이 없기 때문에 적정선에 맞춰 조정하기가 어렵다. 똑같은 실패를 한다고 해도 미치지 못하는 상태보다는 지나친 상태가 더 성장 효과가 크다고 할 수 있다.

◆ 상대와 상황에 따라 딱 알맞은 선은 달라진다

딱 알맞은 선이라고 해도 상대나 상황에 따라 얼마든지 달라질 수 있다. 예를 들자면, 일본 라멘의 맛국물만 해도 지역에 따라 적정 기준선이 조금씩 다르고, 신문이나 책 등의 활자도 읽는 사람의 연령대에 따라 각각 적당한 글자 크기가 다르다.

이렇게 딱 알맞은 선은 상황에 따라 달라진다는 사실을 기억해 두자. 직장에서도 후배나 팀원을 지도할 때는 상대의 성격을 고려해 적당한 선에서 엄격함의 정도를 조절한다든가, 상사에게 자료를 제출할 때는 상대의 연령을 배려해 글자 크기나 사용하는 언어를 달리하는 요령이 필요하다.

{39}

자신의 역량을
엄격하게 판단한다

헌문편 32장

不患人之不己知 患其不能也
불 환 인 지 부 기 지 환 기 불 능 야

남이 나를 알아주지 못할까 걱정하지 말고, 자신의 능하지
못함을 걱정해야 한다.

◆ 평가를 발판으로 삼아라

공자는 자신이 제대로 평가받지 못하는 것 같아 불만이 느껴질 때 어떻게 해야 할지를 여러 번 이야기한 바 있다. 이번 공자의 말은 자신의 능력이 부족하지는 않은지 먼저 되짚어 보라는 메시지를 담고 있다. 부당하다고 생각하는 평가라도 달갑게 받아들여 감수하고 그 평가를 성장의 발판으로 삼으려고 해 보자. 불평한다고 해서 사태가 호전되지는 않는다.

◆ 자신에게는 엄격하게 대하라

지금 당장 좋은 평가를 받지 못하고 있다고 느끼더라도 너무 신경 쓰지 말고, 그보다는 제대로 인정받지 못하는 원인을 찾아 능력을 향상시키는 데 주력해야 한다. 평가는 반드시 뒤따르게 되어 있다.

이는 골프와 비슷한 면이 있다. 골프는 볼을 치는 주체가 자신이므로 설령 나쁜 결과가 나왔다고 해서 남의 탓으로 돌릴 수가 없다. 바람이나 잔디 상태에 원인이 있다고 말하고 싶어도, 모두 같은 조건에서 경기를 하고 있으니 핑계를 대기 어렵다. 결국 자신의 역량 부족에서 기인한다고 인정하지 않을 수 없다.

조직 내에서의 평가도 골프와 같다. 비록 억울한 마음이 들 수는 있겠지만, 자신의 능력이 부족한 탓도 있다고 인정하고, '다음에 맡게 될 업무에서 만회하겠다'고 분발하는 것이 가장 현명한 마음가짐이다. 여기서 좌절하면 주변의 평판만 떨어뜨릴 뿐이다.

◆ 후배에게는 조금 너그럽게

단, 자신에게는 엄격한 잣대를 적용하더라도 후배 세대와 소통할 때는 주의하도록 하자. '남 탓으로 돌리거나 삐딱하게 생각해선 안 된다', '인정받지 못하는 건 자기가 무능해서니까 그걸 의식해야 한다' 같은 말투는 피하는 것이 좋다.

요즘 젊은 세대는 먼저 나서서 "칭찬받으면 더 잘하는 타입이에요" 하고 말할 정도로 비난에 약한 편이다. 너무 엄격하게 대하면 투지가 꺾이는 일이 더 많으니, '더 높은 평가를 받으려면 이러한 약점을 개선하는 게 좋겠다' 정도의 조언을 칭찬과 함께 건네는 것이 효과적이다.

{40}

일의 방향성부터
먼저 점검한다

위령공편 30장

吾嘗終日不食 終夜不寢 以思 無益
오 상 종 일 불 식 종 야 불 침 이 사 무 익

不如學也
불 여 학 야

나는 일찍이 하루 종일 먹지도 않고 밤새 잠도 자지 않고서
계속 생각에 골몰했었지만, 유익함이 없었다. 그 어떤 것도
배우는 것만 같지 못하다.

◆ 방향성을 확인하라

어리석은 사람일수록 혼자서 생각에 빠져 있다고 느낄 때가 종종 있다. 스스로 생각하는 것 자체는 좋은 일이지만 방향을 잘못 겨누면 아무런 의미가 없기 때문이다. 때로는 그 문제의 해답을 잘 알고 있는 사람에게 재빨리 물어보는 것이 효율적일 수 있다. 공자 역시도 '먹고 마시지도 않고서 하루 종일 생각에 골몰해 봤지만 아무 소용없었다'고 말하고 있으니, 무의미한 고민에 혼자 빠져 있지 않도록 주의해야 한다.

◆ 일을 잘못 처리하지 않으려면

일을 할 때는 상사의 지시에 정확하게 따르는 것이 기본이다. 지시 내용을 제대로 이해하지 못하면 처음부터 방향을 잘못 설정하게 된다. 그러면 "대체 왜 일을 그렇게 처리했지?" 하는 지적을 들을 정도로 완전히 빗나가버릴 수도 있다. 그런 실수를 하지 않으려면, 우선 상사에게 큰 방향성을 확인하는 것이 중요하다.

내가 어렸을 때는 볼링이 무척 유행했다. 나 또한 흥미를 가지며 어떻게 해야 볼링을 잘 칠 수 있는지 열심히 찾아보다가, 레인의 표시 지점을 정확히 노리면 대개는 생각한 대로 볼을 던질 수 있다는 것을 배웠다. 일을 하는 것은 볼링에 비유할 수 있다. 목표 지점을 향해 처음에 방향을 제대로 잡으면 대개는 잘해 나갈 수 있다. 그렇기에 지시를 받는 순간, "이러한 방향으로 일을 처리하면 될까요?" 하고 상사에게 먼저 확인하는 것이 좋다.

◆ 20퍼센트 진행한 시점에서 샘플을 제출하라

더 공을 들이는 방법으로, 지시받은 업무를 20퍼센트 정도 진행한 시점에서 "이런 식으로 괜찮을까요?" 하고 상사에게 물어보면 더욱 좋다. 그때 "그게 아니지" 하는 답변이 돌아오는 경우가 의외로 많다. 게다가 완전히 빗나가지는 않았더라도 "여기를 조금 수정해 봐" 하는 조언으로 이어질 가능성이 높다. 20퍼센트 진행 시점에서 자료를 수정하면 남은 80퍼센트에서 잘못될 일은 거의 없어진다.

일을 의뢰할 때도 마찬가지다. 나 역시 일을 맡길 때 내 의도와 달리 상대가 잘못 생각하는 부분이 의외로 많다는 것을 실감했기에, 지금은 "우선 20퍼센트 정도 진행이 되면 먼저 보여 주세요" 하는 식으로 방향성을 확인하고 있다. 그렇게 하면 방향성 오류에서 벌어지는 근본적인 문제를 상당히 줄일 수 있다.

◆ 잘하는 사람에게 가르침을 청하라

또 한 가지 중요한 것은, 스스로 생각해 봐도 잘 모르는 일은 경험치가 높은 사람에게 물어 배우는 일이다. 며칠이나 끙끙 머리를 싸매고 생각해도 알 수 없던 일도 누군가에게 물어보면 한순간에 해결되는 경우가 많다. 그런 의미에서 자신이 혼자 생각해야 할 일과 다른 사람에게 배워야 할 일을 구별하는 것은 무척 중요하다. 이것이 공자가 말하는 '혼자 생각하기보다는 다른 이에게 물어 배우는 것이 좋다'의 의미다.

목표를 향해 달려갈 때
힘이 되어 주는 가르침

41

하루를 돌아보며
마음을 정리한다

학이편 4장

曾子曰 吾日三省吾身
증 자 왈 오 일 삼 성 오 신

爲人謀而不忠乎
위 인 모 이 불 충 호

與朋友交而不信乎 傳不習乎
여 붕 우 교 이 불 신 호 전 불 습 호

증자가 말했다. "나는 매일 세 가지를 반성한다. 다른 사람을 도움에 있어 성심을 다했는가. 친구들과의 관계에서 신의를 지켰는가. 배운 것을 제대로 익혔는가."

◆ 스스로 되짚어 볼 사항을 정한다

'반성'이라고 하면 뭔가 잘못을 저지르고 이를 뉘우친다는 의미로 생각하기 쉽지만, 여기서는 그런 뜻이 아니라 조금 더 편하게 '오늘 하루를 되돌아본다' 정도로 인식하면 좋을 것이다.

증자는 세 가지 사항을 반성한다고 꼽았지만, 이를 똑같이 따라 할 필요는 없다. 자신이 되돌아보고 싶은 중요한 사항을 몇 가지 정해 선택하면 된다. 우선 한 가지라도 좋으니 매일 반성할 항목을 설정해 보자.

◆ 좋은 행동을 습관화한다

미국의 정치인이자 과학자인 벤저민 프랭클린은 자신의 신념을 13개의 덕목으로 정리하고 매주 한 가지씩 '되짚어 보기 핵심 사항'으로 정했다고 한다. 이를테면 '1. 절제: 질릴 정도로 먹지 마라. 취할 정도로 술을 마시지 말라'를 일주일간 실행했다면, 다음 한 주는 '2. 침묵: 나와 타인에게 유익하지 않은 일을 말하지 말라. 쓸데없이 떠들지 말라'를 실천했다. 그리고 그 다음 주는 '3. 규율: 모든 물건은 정해진 위치에 두어라. 일은 정해진 시간에만 하라'를 실천하는 식이다. 좋은 행동을 습관화하는 데

유용한 방법이다.

◆ 수첩을 도구로 삼는다

되짚어 보기 핵심 사항은 꼭 특정한 덕목이 아니어도 상관없다. 단순하게 오늘 하루에 해야 할 일을 확인하기만 해도 좋다. 나는 그런 식으로 수첩에 체크 박스를 만들고 해야 할 일을 쭉 기입해 둔다. 일주일을 한 단위로 묶어 이날은 이것, 이날은 저것, 하고 적어 놓는다. 나는 해마다 여러 권의 책을 내고 잡지 연재도 하기 때문에, 거의 매일이 마감의 연속이나 다름없다. '언제까지 무엇을 할까'를 명확히 적어 놓고 하루를 마칠 때 확인하지 않으면 아무래도 깜빡 놓치는 일이 생기고 만다.

게다가 체크 박스에 확인 표시를 해 넣는 작업은 성취감을 주기도 한다. 표시가 늘어남에 따라 마음이 점점 편해진다. 또한 그날 있었던 중요한 일이나 느낀 점, 생각한 내용을 '세 줄 일기' 형태로 수첩에 적고 있는데, 이렇게 하면 일정을 관리할 수 있을 뿐만 아니라 나의 행동을 되돌아보는 데도 도움이 된다. 이때가 내게는 매우 좋은 시간이다. 하루의 마무리는 물론, 조금 짬이 날 때도 수첩을 펼쳐 들여다본다. 그러면 저절로 마음이 가다듬어진다.

만약 수첩이 없다면 '저것도 해야 하는데, 그 일도 해야 하는데' 하고 마음이 계속 어수선했을 것이다.

◆ 혼자 조용히 되돌아보는 시간 갖기

옛날 사람들은 오늘 하루의 자신을 되돌아보는 행위로써 일기를 썼다. 요즘 시대의 SNS라고 할 수 있다. 다만 SNS의 경우, 불특정다수의 사람들에게 보여 주는 것이 전제가 되어 있다. 자신을 돌이켜보는 반성의 방법으로는 다소 의문점이 남는 지점이다.

스스로 반성하는 데 목적이 있다면 조용히 하루를 되돌아보면서 편안한 시간을 갖는 것이 중요하지 않을까. 그런 의미에서 되돌아보는 시간을 카페에서 보내는 것도 한 가지 방법이다. 15분이나 20분 정도의 자투리 시간을 카페에서 보내는 것을 추천한다. 커피를 마시면서 일정을 정리하거나 다음에 할 일을 준비하고 앞날의 비전을 그려 보다 보면, 마음이 차분해지고 긍정적인 의욕이 되살아날 것이다.

42

앞으로 어떤 리더가
될 것인가

君子喩於義 小人喩於利
군 자 유 어 의 소 인 유 어 리

군자는 의義를 추구하고 소인은 이해득실을 따진다.

◆ 의義를 잊고 이利가 증식되는 현대 사회

사회 전체를 둘러보면 최근에는 '의義'가 줄어들고 '이利'가 늘어나는 경향을 보인다. 그만큼 소인이 늘어나고 있다는 해석도 가능하다. 현대 사회가 '리더 부재의 시대'라고 불리는 까닭도, '의義'를 추구하며 살아가는 군자가 적어진 현상과 관계가 있을 것이다.

◆ 리더가 지녀야 할 덕목

30대는 리더를 준비하는 시기다. 30대 후반으로 갈수록 중간 관리자로 올라서거나 팀장으로서 후배나 팀원을 지도할 일이 생긴다. 앞으로 공정한 리더로서 자리 잡고 영향력을 끼치려면 '의義'로 비유되는 군자다움을 몸에 익혀야 한다. 자신의 이익만 좇을 게 아니라, 의를 관철하고 인을 갖추며 예를 실천하는 덕을 쌓아야 하는 것이다. 고루한 사고관이라고 생각할 수도 있지만, 리더일수록 이러한 덕이 요구되는 것은 사실이다.

경영의 신으로 불리는 교세라의 창업자 이나모리 가즈오 회장은 저서에서 '리더에게 필요한 자질은 명석한 두뇌보다도 이타 정신, 즉 자신을 희생해서라도 다른 사람에게 도움을 주는 덕을 몸에 익히는 일이다' 하고 강조했는데, 이처럼 조직론적으로도 덕은 매우 중요하다.

앞으로 리더가 될 30대는 이 구절을 몸에 새기고, 더 나아가 《논어》 전체를 리더론으로써 읽어 보길 바란다. 마음가짐을 다스리면 리더의 자질을 연마할 수 있다.

바라는 마음이 있으면
나아갈 수 있다

술이편 29장

仁遠乎哉 我欲仁 斯仁至矣
인 원 호 재 아 욕 인 사 인 지 의

인仁이 멀리 있는가? 내가 인仁을 하고자 하면, 곧 인仁에 이를 것이다.

◆ 인을 추구하는 마음이 인을 끌어당긴다

공자는 '인仁을 추구하는 마음이 인仁을 끌어당긴다'고 말하고 있다. 가령, 인을 배려라고 인식해 보자. 배려를 행동으로 옮겼을 때 인은 그곳에 있다. 이는 인을 바라는 순간, 이미 인자仁者에 걸맞은 행동을 할 계기가 마련되었다는 의미이다. 여기서 중요한 것이 바로 간절히 원하는 마음이다.

공자는 항상 간절하게 원하는 마음을 중요하게 여겼다. 앞에서도 '의욕이 없는 사람에게는 가르쳐 줘도 소용없다'라든가 '육포 한 묶음의 예의를 갖춘 사람이라면 누구라도 가르쳐 줄 것이다'라는 말이 나왔는데, 그 의미를 좀더 자세히 들여다보면 이는 '강하게 원하는 마음'이 있는지를 묻는 것이기도 하다.

◆ 원하는 마음은 자극을 주기에 달렸다

간절히 원하는 마음을 일적인 영역에 대입해 생각해 보자. 일에서도 더욱 높은 곳을 추구하는 마음이 없으면 앞으로 나아갈 수 없다. '일은 웬만큼만 적당히 하면 된다'고 생각하는 사원이 많으면 회사 전체가 흔들린다. 그래서 기린 맥주의 모회사인 기린홀딩스의 이소자키 요시노

리 사장은 "회사가 망하지 않는다는 전제하에서 일하고 있지는 않습니까?" 하고 직원들에게 물었다고 한다. '조금 더, 조금 더' 하고 높은 목표를 추구하는 마음이 강해지면 자신도 회사도 크게 성장해 나갈 수 있다.

막연하게 추구하는 마음을 강하게 갖는다고 해서 무조건 잘되는 것은 아니다. 역시 자극이 필요하다. 앞에서도 언급했듯이, 원하고 추구하는 마음이 강한 일류들의 이야기를 들어본다거나 책을 읽고 텔레비전을 보는 것도 좋은 방법이다. 인터넷 서핑을 하면서 최고 자리에 오른 인물들의 일에 대한 자세와 신념, 그리고 말과 행동을 접하는 것도 좋은 자극이 된다.

다만, '대단하네, 이런 사람도 있구나!' 하고 정보를 얻는 데서 끝나지 않도록 주의해야 한다. 정보에 마비되면 마음의 자극을 받기가 쉽지 않기 때문이다.

{44}

마음속에 있는 뜻은
누구도 뺏을 수 없다

자한편 25장

三軍可奪帥也 匹夫不可奪志也
삼 군 가 탈 수 야　 필 부 불 가 탈 지 야

수만 명의 대군을 이끄는 장수를 빼앗아 올 수는 있지만,
필부의 가슴에 품은 뜻은 그 누구도 빼앗을 수 없다.

◆ 자신이 품은 뜻이 의욕에 불을 지핀다

이 구절은 듣기만 해도 의욕을 불러일으킨다. 그렇다면 높은 '뜻志'을 품고 살아간다는 것은 구체적으로 무슨 의미일까? 거시적으로 보면, 이는 세상을 위해 혹은 인류를 위해 큰일을 이뤄 내고자 하는 것이다. 즉 뜻을 품는다는 것은 현실을 더욱 좋은 방향으로 바꾸는 강인한 힘이라 할 수 있다.

◆ 프로젝트 리더를 겨냥하라

사람들은 목표가 거창하면 행동에 쉽사리 나서지 못한다. 뭔가 대단한 일을 해야 할 것만 같고, 그러지 못할 바에는 가만히 있는 게 더 낫다는 기분이 들기 때문이다. 하지만 분명 세상은 우리의 작은 행동 하나하나가 모여서 바뀔 수 있다.

30대라면 뭔가 프로젝트를 만들어 추진하는 것을 추천한다. 근로 환경의 개선을 꾀하는 활동이라든가 환경오염 정보 공유를 목적으로 하는 연구 모임처럼, 그다지 선행 투자가 필요 없는 작은 규모의 프로젝트여도 좋다. 일단 자신의 뜻을 내걸고 그에 동의하는 다양한 사람을 모아 무언가에 도전해 보자. 그러한 행동은 자신뿐만 아니라 주변 사람들의 활력을 일깨울 것이고, 이런 경험들이 쌓이면 목표를 향해 돌진하는 힘을 길러줄 것이다.

{45}

고전을 통해
세상의 이치를 배운다
헌문편 24장

君子上達 小人下達
군 자 상 달   소 인 하 달

군자는 위를 향해 나아가나, 소인은 아래를 향해 나아간다.

30대를 위한 논어

◆ 세상의 이치를 알기 위해 필요한 교양

군자는 세상의 이치를 따르고 덕을 쌓으려 하므로 위를 향해 나아가고, 소인은 자신의 이익과 욕심을 따르므로 아래를 향한다는 뜻이다. 여기서 세상의 이치를 배우고 깨닫기 위해, 내가 강조하고 싶은 것이 바로 교양이다.

◆ 고전을 인생의 나침반으로 삼아라

고대 그리스 시대부터 교양은 인간에게 중요하다고 여겨졌다. 공자가 살던 시대도 마찬가지다. 교양을 높인다는 것은 고전에 친숙해지는 일이다. 고전에는 시대를 거쳐도 색이 바래지 않는 심오한 매력이 있다. 어느 시대이든지 과거에서 현재, 미래로 이어지는 문화와 학문의 원천이 되는 것이다.

그럼에도 최근에는 고전은 고루하다는 인식이 널리 박혀 있다. 위험한 현상이 아닐 수 없다. 인생을 강인하게 살아가는 원동력이 약해지기 때문이다. 지식과 지혜가 응축된 고전은 인생 전반에 나침반과 같은 기능을 한다. 자신의 인생에 나침반이 되어 줄 고전을 찾아내 나만의 고전으로 삼아 함께 살아가자. 아등바등하던 인생이 안정되고 풍요로워질 거라고 자신 있게 말할 수 있다.

◆ 책을 갖고 다니는 습관을 들여라

30대는 인간적인 성숙이 가속되는 시기이다. 이 시기야 말로 조금씩 짬을 내 고전을 비롯한 다양한 책을 끊임없이 읽어야 한다. 바빠서 책 읽을 여유가 없다고 말하는 사람도 있겠지만, 기업의 최고 경영자 등 소위 성공 가도를 달리는 사람들은 그 바쁜 와중에도 끊임없이 책을 읽는다.

이동하는 지하철 안이라든지 잠시 비는 시간을 이용해 책을 읽는 습관을 들이면 어떨까. 책을 항상 갖고 다니는 습관이 인생을 한층 풍요롭고 깊게 해 줄 것이다.

{46}

남 애기를 일삼을 만큼 여유가 있는가

헌문편 31장

子貢方人 子曰
자 공 방 인 자 왈

賜也 賢乎哉 夫我則不暇
사 야 현 호 재 부 아 즉 불 가

자공이 다른 사람들을 두고 비교하며 평가하자 공자가 말했다. "사는 정말로 똑똑한 모양이다. 나는 그런 겨를이 없구나."

◆ 내 일에 몰두하면 험담할 틈이 없다

이 구절은 공자가 자공을 강하게 비꼬면서, '남을 헐뜯는 시간은 헛되기가 이를 데 없다. 그럴 짬이 있으면 자신의 일을 하라'는 메시지를 전하고 있다. 공자 같은 인물에게 이런 말을 들었으니, 자공도 꽤 움츠러들고 긴장했을 것이다. 남에 대한 험담은 술자리에서 분위기를 달구는 화제가 되기도 하고, 말하고 나면 기분이 좋아지는 면도 있어서 자신도 모르게 내뱉는 경우가 많다. 그럴 때는 공자의 이 말을 떠올려 보라.

◆ 험담으로 이득이 될 일은 아무것도 없다

젊을 때 나는 험담이라면 험담, 비판이라면 비판을 서슴지 않았다. 타인의 부족한 점을 지적했고, 그것도 뒤에 숨어서 하는 게 아니라, 지도교수에게 직접 말할 정도로 대놓고 말하는 타입이었다. 그러다 보니 사회적으로 상당히 힘든 일을 많이 겪었다. 인생에 방해를 받는 일이 연속으로 이어지다 보니 무엇 하나 좋을 게 없었다.

그 사실을 깨달은 것은 서른 살 정도 되었을 때였다. 그때부터는 험담이나 신랄한 비평을 겉으로 표현하지 않으려고 노력했고, 40대가 되어서야 겨우 안정을 찾았다. '최

30대를 위한 논어

대한 남이 기분 나빠할 말을 하지 않겠다'고 나만의 방침을 정하자, 정신 건강에 좋은 것은 물론, 쓸데없는 험담 시간이 없어져 생산성도 높아졌다. 무심코 남의 험담이 잘 튀어나오는 사람은 이런 사실을 깨달아야 한다.

◆ 웃으면서 말할 수 있는 험담은 나쁘지 않다

이득이 될 일이 아무것도 없는 험담이라도 능숙하게 흘리면 기분 전환이 될 때도 있다. 단, 친구나 동료끼리 상사나 다른 누군가의 험담을 살짝 나누고 그 자리에서 잊어버리는 정도여야 한다. 험담에 따라다니는 부정적인 감정을 나중까지도 담고 있는 것은 좋지 않다.

그럴 때 중요한 것은 웃으면서 이야기해야 한다는 사실이다. "아, 진짜 난감하더라고. 그게 꼰대 아냐?", "어쩔 수 없지 뭐. 말해도 모를 텐데" 하는 선에서 이야기한다면 가벼운 기분 전환으로 끝낼 수 있을 것이다.

사람을 전면적으로 부정하지 않는 것이 요령이다. 문제가 있는 부분을 좋지 않은 습성 정도로 받아들이고 끝내야 한다.

앞날에 대한
감각을 날카롭게 한다 위령공편 11장

人無遠慮 必有近憂
인 무 원 려   필 유 근 우

사람이 멀리까지 내다보지 못하면 분명 가까이에 근심거
리가 생겨난다.

◆ 시간적, 공간적으로 넓게 의식하라

눈앞의 일에만 마음을 빼앗겨서 근시안적으로 생각할 때 오히려 더 큰 문제가 생길 수 있음을 예리하게 경고하는 말이다. 미래를 계획하지 못하고 당장의 욕망이나 이득에 휩쓸리는 현대 사회에 꼭 필요한 메시지가 아닐 수 없다.

◆ 현재의 욕망으로 안일하게 행동하지 않는다

도심 번화가인 시부야 거리를 걷고 있을 때의 일이다. 무인 대출 부스 앞에서 젊은이들 몇 명이 서 있었다. 아무래도 한 사람이 돈을 대출받은 모양인데, "와, 운 좋은데! 이 돈으로 신나게 놀자" 하면서 들떠 있었다. 그들의 모습을 보니, '끝났네' 하는 생각이 들었다. 그들이 손에 든 유흥비는 거저 생긴 게 아니라, 높은 이자를 붙여 갚아야만 하는 돈이다. 운이 좋은 게 절대 아니다.

이 정도로 심하지 않더라도, 먼 앞날을 내다보지 못하고 현재의 욕망을 채우는 데만 정신이 팔려 있는 사람이 적지 않다. 예를 들어 공부하는 것은 장래를 바라보는 행동이다. 저축을 하는 것도 마찬가지다. 내 집을 마련한다든가 노후 또는 질병에 대비하는 일 또한 앞으로 갑작스러운 일이 닥쳐도 곤란하지 않게 계획을 세워 행동하는 일이다. 특히 금전 면에서 먼 앞날까지 깊이 생각하지 않으면, 당장 근심이 생기기 쉽다.

◆ **리더에게 요구되는 넓은 시야와 깊은 생각**

30대는 실무와 관리를 아우르는 연령대이므로 눈앞에 닥친 일에 급급해져서는 안 된다. 자신의 업무 분야 전체를 내다보고 행동해야 한다. 요컨대 넓은 시야를 가지고 그 안에서 자신이 해야 할 일을 생각할 줄 알아야 한다. 또한 시간적으로도 3년, 5년 앞을 예측하면서 행동하는 것이 중요하다. 비결은 단기 목표, 중기 목표, 장기 목표를 세워 보는 것이다. 연초나 월초에 써서 계속 수정해 나가면 좋다. 목표를 생각하기만 해도 의식이 자극을 받게 된다.

결코 물러서선
안 될 때가 있다

當仁 不讓於師
당 인 불 양 어 사

인仁을 실천하는 데 있어서는 설령 스승에게도 양보하지
마라.

5장 **목표를 향해 달려갈 때 힘이 되어 주는 가르침**   183

◆ 자신을 관철하는 기개를 지닌다

'역시 공자다!' 하고 감탄할 만한 말이다. 인仁은 공자가
가장 중요하게 생각한 덕이다. 그런 인을 실천하는 데 문
제가 된다면, 설령 스승이라 하더라도 물러서지 말아야
한다는 구절이다.

30대가 이 문구를 일과 직장에 대입시켜 읽을 때는 '중
요한 일에서는 상사의 눈치만 보거나 무조건 수긍하지 말
고 자신의 생각을 확실히 말하라'는 뜻으로 이해하면 좋
을 것이다.

◆ 논의의 출발점은 대등함에 있다

《이성적 낙관주의자》의 저자인 매트 리들리는 아이디
어의 교환이야말로 인류의 번영을 가져왔다고 강조했다.
대표적인 아이디어 교환의 자리인 회의 시간을 떠올려 보
자. 회의를 할 때 원래는 참가자 모두 대등한 입장에서 논
의해야 하는데, 부하직원이 윗사람을 너무 눈치 보는 자
세로 대하다 보면 자신의 의견과 아이디어를 자유롭게 내
지 못한다. 상사가 자유로운 논의에 걸림돌이 되지 않으
려면 그 자신의 의지가 가장 중요하겠지만, 이를 뒷받침
하는 30대의 역할도 중요하다. 연장자와 신입사원의 중간

위치에 있는 30대는 회의에서 대등한 분위기를 만들도록 애써야 한다. 자신이 먼저 상사를 너무 의식하지 않고 의견을 확실히 말함으로써 '이곳은 대등하고 자유롭게 의논하는 자리'라는 분위기를 만드는 것이다.

애초에 좋은 아이디어나 의견이 상사에게서만 나오는 건 아니다. 상사는 경험치가 높은 만큼 아이디어를 내기보다는 사람들이 낸 의견이 좋은지 아닌지를 판단하고 구체적으로 기획해서 실천해 가는 능력이 뛰어난 사람들이다. 그 역할을 훌륭히 할 수 있도록 지원하는 업무 형태가 상사에 대한 배려이기도 하다.

◆ **자신의 강점을 어필하라**

일을 할 때는 상사의 판단을 믿고 따르는 것이 기본이지만, 잘 알고 자신 있는 분야일 경우 자신의 의견을 강력히 내세워야 할 때가 분명 있을 것이다. 만약 승부를 걸어야 할 때라고 생각되는 상황이라면, '이 일은 물러날 수 없다' 하는 정도의 책임감 있는 자세를 보이는 것도 중요하다.

피터 드러커의 말을 빌리자면 그것은 자신의 강점을 어필하는 일로도 이어진다. 이를테면 컴퓨터 관련 업무라든가 거래처와의 까다로운 협상에서, 맡길 수 있는 존재임을 어필하는 것이다. 할 수 있는 일의 영역을 넓혀 가며 자신을 관철해 나가는 것이 가장 좋다.

{49}

돈을 목적으로
일하고 있진 않은가

위령공편 37장

事君 敬其事 而後其食
사 군 경 기 사 이 후 기 식

군주를 섬길 때는 먼저 그 일을 성심성의껏 수행한 다음
에 보수를 생각해야 한다.

◆ '보수만큼의' 함정에 빠지지 마라

앞에서도 보수는 나중에 따라오기 마련이라는 사고방식에 관해 이야기했다. 여기서도 같은 맥락이다. 공자는 일에 임하는 마음가짐으로 보수를 나중 일로 여기는 자세가 중요하다고 되풀이해서 말하고 있다.

보수를 받고 일을 한다고 생각하게 되면, '이 보수로는 여기까지 일하면 되지'라는 결론에 이르기 쉽다. 이는 더 높은 곳에 대한 목표는 버려 두고 보수만을 추구하는 본말전도의 위험이 있다.

◆ 일에 대한 적정한 대가

보수란 자신이 한 일에 대해 지급받는 대가이다. 이때 개인과 회사의 의견이 갈리는 부분이 일에 대한 적정한 대가가 어느 정도인가 하는 점이다. 개인의 입장에서 보자면, "매일 무급으로 야근하고 있잖아"라든가 "다른 회사 기준으로 보면 급여가 너무 적어"와 같이, 이런저런 할 말이 있을지도 모른다. 하지만 그것만 생각하고 있으면 나의 목표나 뜻이 아니라 보수가 목적이 되어 버린다. 당장은 의뢰받은 일에 매진하면서, 자신의 뜻을 펼치기 위한 다음 단계를 이어가는 것이 중요하다.

◆ 기브 앤 테이크의 사고방식

이러한 사고방식을 비즈니스의 모든 상황에서 응용할 수 있다. 우리는 '비즈니스는 기브 앤 테이크Give & Take이고 기브가 우선이다'라는 말을 자주 듣는다. 다만 머리로는 알고 있어도 무심코 '테이크를 먼저' 하고 생각하기 쉬운데, 여기에는 '자신이 기대한 만큼 받을 수 없으면 곤란하므로 우선 테이크를 확보해 둬야지' 하는 심리가 작용하고 있다. 이는 눈앞에 있는 이익밖에 보지 않는 것이다. 더 시야를 넓혀 장래에 얻을 수 있는 것을 예상할 수 있어야 한다. 다시 말해, 장래의 비전을 그리면 먼저 '기브'를 행하는 데 부담이 없어진다. 주기를 아까워하면 큰 것을 얻을 수 없다. 그것이 비즈니스의 철칙이다.

{50}

평상시 사소한 행동이
인생을 바꾼다
양화편 6장

孔子曰 能行五者於天下 爲仁矣
공 자 왈 능 행 오 자 어 천 하 위 인 의

請問之曰 恭寬信敏惠 恭則不侮
청 문 지 왈 공 관 신 민 혜 공 즉 불 모

寬則得衆 信則人任焉 敏則有功
관 즉 득 중 신 즉 인 임 언 민 즉 유 공

惠則足以使人
혜 즉 족 이 사 인

공자가 말했다. "다섯 가지 덕을 세상에서 실행할 수 있다면 그것이 곧 인仁이다."

장자가 이 다섯 가지가 무엇인지를 묻자 공자는 이렇게 대답했다. "공경恭, 관용寬, 신뢰信, 기민敏, 베풂惠이다. 공손하면 사람들이 함부로 대하지 않고 너그러우면 많은 사람의 마음을 얻을 수 있다. 믿음이 있으면 사람들이 신뢰하고, 민첩하면 공을 세우게 되고, 가진 것을 베풀면 충분히 사람을 부릴 수 있다."

◆ 인仁은 언행일치를 으뜸으로 여긴다

《논어》에는 제자들이 공자에게 인이 무엇인지를 묻는 장면이 자주 등장한다. 그런데 이때마다 공자가 다르게 대답한다는 점이 흥미롭다. 보통 인을 도덕적 관념이라고 생각하기 쉬운데, 공자는 이 구절에서 인이란 모든 상황에서 실천해야 하는 것, 즉 언행일치가 수반되는 덕임을 강조하고 있다.

◆ 나의 행동을 다스리는 다섯 가지 실천법

공자는 '공관신민혜恭寬信敏惠'의 다섯 가지를 세상에서 행하는 것을 인이라고 했다. 재미있는 것은 이 공관신민혜는 사람을 끌어당기는 법칙이자 리더의 자질이기도 하다는 점이다. 그러므로 기회가 있을 때마다 실천하려고 노력한다면, 일상을 여유롭게 살아가는 것뿐만이 아니라 일을 할 때 인망을 쌓는 데도 도움이 된다.

예를 들어 '아무리 화가 나도 큰소리를 내지 않는다', '다른 사람이 실수를 할 경우, 세 번까지는 무조건 참고 넘어간다', '소소한 간식을 쏘는 것을 내가 할 수 있는 배려의 출발점으로 삼자' 등 내가 실천할 수 있는 세부 항목들을 발견하는 것이 중요하다.

인생을 지탱하고 성장시키는 《논어》의 말 50

지금까지 《논어》에서 50개의 말을 골라 일과 성공의 관점에서 해설했는데, 그밖에도 좋은 말이 무척이나 많다. 이에 이 장에서는 30대의 독자들에게 버팀목이 되고 성장을 촉진하는 주옥같은 말 50개를 골라 구체적인 상황별로 소개한다.

{51}

内省不疚 夫何憂何懼
내 성 불 구　부 하 우 하 구

되돌아봤을 때 조금도 거리낄 게 없다면 근심하고 걱정할
일은 아무것도 없다.

> **한마디** 공자의 제자 사마우가 군자에 대해서 묻자 공자는 '군자
> 는 근심하지 않고 걱정하지 않는다'라고 대답했다. 위의
> 구절은 사마우가 근심하지 않고 걱정하지 않은 사람이
> 어째서 군자인지를 묻자 이에 대해 공자가 한 대답이다.
> 마음에 거리낄 게 없다면 근심하고 걱정할 일이 없다. 누
> 구나 아는 것처럼 거짓은 더 큰 거짓을 부르고 비밀은 더
> 큰 비밀을 만든다.

君子固窮 小人窮斯濫矣
군 자 고 궁　소 인 궁 사 람 의

군자는 곤궁함에도 흐트러지지 않지만, 소인은 곤궁하면
어리석은 일을 저지른다.

> **한마디** 공자는 곤경에 처했을 때 흐트러지는가 아닌가에 따라
> 군자인지 아닌지를 구별할 수 있다고 보았다. 인생의 곤
> 경은 여러 가지 형태로 찾아올 수 있다. 때로는 경제적 위
> 기일 수도 있고 때로는 과도한 업무나 인간관계에서 오
> 는 스트레스일 수도 있다. 하지만 무슨 일이 있어도 당황
> 하거나 허둥대지 말라. 어떤 상황에서든 마음을 냉정하
> 게 유지하면 해결의 실마리를 분명 찾을 수 있다.

予一以貫之
여 일 이 관 지

나는 하나의 이치로 모든 것을 꿰뚫는다.

한마디 공자는 제자에게 스스로에 대해 이렇게 평했다. 자신은 많이 배워서 아는 사람이 아니라 하나로 일관되어 있는 사람이라고. 즉 많이 배우고 배운 것을 모두 기억하는 게 아니라 하나의 이치로써 전체를 꿰뚫는다는 것이다. 공자는 학문을 익힘에 있어 이 구절을 얘기했으나 이는 인생을 살아가는 데도 마찬가지다. '나는 이렇게 살아간다'라고 하는 '하나'가 굳건히 있다는 것은 세상의 다양한 일을 대하는 확고한 원칙이 있다는 말이다. 어떤 걱정이나 고민이 있을 때도 어떻게 해야 하나 하는 망설임이 없어진다.

君子貞而不諒
군 자 정 이 불 량

군자는 정도를 따르며 작은 신의에 얽매이지 않는다.

한마디 공자가 신의를 강조한 것은 맞지만 신의에 얽매여 정도를 어긋나는 것은 분별이 없는 것이라고 보았다. 지금 내가 주장하는 일이 대의를 위해 꼭 필요한 일인지, 어찌 되든 상관없는 사소한 일로 갈등하고 있지는 않은지, 신의를 위한다는 명분으로 정도를 벗어나고 있는 것은 아닌지 생각해 보자.

君子坦蕩蕩 小人長戚戚
군자탄탕탕 소인장척척

군자는 마음이 평온하고 느긋하며 소인은 항상 걱정스러워한다.

> **한마디** 군자가 마음이 평온하고 느긋할 수 있는 이유는 천리를 따르며 인의예지를 실천하기 때문이다. 반면에 소인이 항상 걱정하고 근심이 많은 것은 부귀영화에 욕심을 내며 그것을 얻지 못해 전전긍긍하기 때문이다. 그러니 매번 끙끙대며 고민하는 것은 눈앞에 보이는 이득에 휘둘리고 있다는 증거일지도 모른다. 어떤 삶을 원하는지 진지하게 생각해 보자.

己所不欲 勿施於人
기 소 불 욕　물 시 어 인

자신이 원하지 않은 일은 남에게도 하지 말아야 한다.

한마디 공자는 남을 배려하는 것이 '평생 동안 행할 가치 있는
일'이라고 강조했다. 이 구절은 배려하는 마음이 어떤 것
인지 구체적으로 보여 주고 있는데, 인간관계를 원활하
게 유지하는 핵심 비결이기도 하다.

{57}

君子無所爭 必也射乎
군 자 무 소 쟁　필 야 사 호

揖讓而升 下而飮 其爭也君子
읍 양 이 승　하 이 음　기 쟁 야 군 자

군자는 다투지 않으며, 다툴 일이 있다면 활쏘기뿐이다.
상대와 인사를 나누고 차례로 올라간다. 경기가 끝나면 패
자는 내려와 술을 마신다. 이러한 다툼이 군자답다.

한마디 쓸데없는 일로 다투지 말자. 자신의 의견을 강하게 어필
하려면 때로 논쟁도 필요하지만, 싸울 듯이 덤벼드는 태
도는 좋지 않다. 상대의 입장과 사고를 이해하고 유연하
게 행동할 필요가 있다.

{58}

君子敬而無失 與人恭而有禮 四海之內
군 자 경 이 무 실 여 인 공 이 유 례 사 해 지 내

皆兄弟也 君子何患乎無兄弟也
개 형 제 야 군 자 하 환 호 무 형 제 야

군자는 겸손하고 실수가 없으며 다른 사람에게 정중히 예의를 갖춰 대한다. 그렇게 하면 세상 사람들이 모두 형제가 될 터이니 어찌 형제 없음을 걱정하겠는가?

한마디 공자의 제자 사마우한테는 형제가 한 명 있었는데 반란에 실패해 처형당할 상황에 놓였다. 그러자 사마우는 곧 죽게 될 형제를 그리며 다른 사람은 모두 형제가 있는데 자신만 없다면서 슬퍼했다. 위 구절은 공자의 다른 제자 자하가 그런 사마우를 위로하며 한 말이다. 비록 위로에서 나온 말이긴 하나, 그만큼 사람이 사람을 대하는 자세로써 예를 강조하고 있음을 알 수 있다. 어떤 상황이 됐든, 그 상황에서 할 수 있는 최선의 예를 다하도록 하자.

工欲善其事 必先利其器
공 욕 선 기 사　필 선 리 기 기

居是邦也 事其大夫之賢者 友其士之仁者
거 시 방 야　사 기 대 부 지 현 자　우 기 사 지 인 자

장인이 일을 잘하려면 반드시 연장을 먼저 갈고닦아야 하니, 어디에 있든 그 나라의 현명한 대부를 골라 섬기고, 어진 선비를 친구로 삼아야 한다.

한마디 인생의 여러 가지 주제에 모두 적용해 볼 수 있는 말이다. 일을 잘하려면 일을 잘하기 위한 준비가 되어 있어야 하고, 인을 행하려면 자신의 덕을 먼저 길러야 한다. 여기서 중요한 것은 이 모든 과정을 다른 사람과의 관계 속에서 갈고닦을 수 있다는 점이다. 일을 잘하려면 본받을 수 있는 사람을 가까이 하고, 덕을 익히려면 어진 사람을 가까이하라. 한마디로 향상심이 높은 사람을 곁에 두는 것이 중요하다.

可與言而不與之言 失人
가 여 언 이 불 여 지 언　실 인

不可與言而與之言 失言
불 가 여 언 이 여 지 언　실 언

知者 不失人 亦不失言
지 자　불 실 인　역 불 실 언

다른 사람과 대화를 해야 할 때 하지 않으면 사람을 잃는 다. 다른 사람과 대화를 해선 안 될 때 말을 나누면 실언을 한다. 지혜로운 자는 사람을 잃지 않으며 실언도 하지 않 는다.

한마디 해야 할 말이 있을 때는 적절한 타이밍을 골라 말하는 것 이 중요하다. 또한 인간관계에 문제가 생겼을 때는 때를 놓치지 말고 대화를 시도하는 게 필수다.

君子有三畏 畏天命 畏大人 畏聖人之言
군 자 유 삼 외 외 천 명 외 대 인 외 성 인 지 언

小人不知天命而不畏也 狎大人 侮聖人之言
소 인 부 지 천 명 이 불 외 야 압 대 인 모 성 인 지 언

군자에게는 두려운 것이 세 가지 있다. 천명을 두려워하
고 대인을 두려워하고 성인의 말씀을 두려워한다. 소인은
천명을 알지 못하니 이를 두려워하지 않고 대인을 함부로
대하며 성인의 말씀을 경시한다.

한마디 천명은 하늘이 내린 사명이라 할 수 있고, 대인은 덕이 높
은 사람을 의미한다. 즉 군자는 이치에 맞는 도의 길을 걸
으며 현명하고 덕이 있는 사람을 주변에 둔다. 반대로 소
인은 하늘의 뜻에서 벗어나 자신의 욕망을 쫓으며 현명
하고 덕이 있는 사람을 함부로 대한다. 결국 소인은 자신
의 욕심 때문에 스스로 자기 주변의 인간관계를 망친다.

見賢思齊焉 見不賢而內自省也
견 현 사 제 언   견 불 현 이 내 자 성 야

현명한 사람을 만나면 그를 본받으려 하고, 현명하지 못한
사람을 보면 자신을 돌아봐야 한다.

한마디 때로 인간관계가 힘든 이유 중 하나는 내가 다른 사람을
비틀어서 보기 때문이다. 나보다 잘나 보여서 질투하는
시선으로 보거나 나보다 못나 보여서 무시하는 시선으로
본다면, 결코 풍족한 인간관계를 누릴 수 없다. 반대로 누
구를 만나든 배울 게 있다는 사고방식으로 살아가면, 그
어떤 누구와도 잘 지낼 의미를 찾을 수 있게 된다.

{ 63 }

老者安之 朋友信之 少者懷之
노 자 안 지 붕 우 신 지 소 자 회 지

노인을 마음 편하게 하고 친구에게 믿음을 주며 젊은이들
을 감싸 주는 그런 사람이 되고 싶다.

한마디 이 구절은 "스승님이 마음속에서 지향하는 뜻은 무엇입
니까?" 하는 제자의 물음에 대해 공자가 한 답변이다. 상
대에 따라 의사소통 방식을 세 가지로 나누고 간결하게
정리했다는 점이 대단하다.

{64}

如有周公之才之美 使驕且吝
여 유 주 공 지 재 지 미 사 교 차 린

其餘不足觀也已
기 여 부 족 관 야 이

만약 주공과 같이 뛰어난 재능을 갖고 있는 사람이라고 해도 그 사람이 교만하고 인색하다면, 그 나머지는 볼 것도 없다.

한마디 능력을 인정받고 높은 지위를 얻게 되면 자만심의 덫에 걸리기 쉽다. 그리 되지 않도록 마음을 다스리는 일이 필요하다.

{65}

過而不改 是謂過矣
과 이 불 개   시 위 과 의

잘못하고도 고치지 않는 것, 이것이 바로 잘못이다.

한마디 사람은 누구나 실수나 잘못을 저지를 수 있고, 일을 할 때도 마찬가지다. 하지만 문제는 자존심이 세거나 이룬 게 많을수록 혹은 지위가 올라갈수록 자신의 과오를 잘 인정하지 않으려 한다는 것이다. 이에 대해 <학이편 8장>에도 유사한 가르침이 나온다. '과즉물탄개過則勿憚改, 즉 잘못이 있으면 고치기를 주저하지 마라'는 구절로, 잘못이나 실수를 인정하고 고치려 하는 자세야말로 반드시 가져야 할 삶의 원칙이다.

君子泰而不驕 小人驕而不泰
군 자 태 이 불 교   소 인 교 이 불 태

군자는 태연하지만 교만하지 않다. 반대로 소인은 교만하고 태연하지 못하다.

> **한마디** 공자는 언제나 교만함을 경계했다. 일이 잘 풀릴 때는 자기 혼자서 다 이룬 것 같은 착각에 빠지기 쉬운데, 세상 그 어떤 일도 결코 혼자만의 힘으로 해낼 수 없음을 기억하자. 특히 남보다 이르게 성과를 내고 인정을 받는다면 더더욱 태도에 주의를 기울여야 한다. 조금 잘나간다고 해서 교만한 태도를 보이는 사람은 군자다운 인물이라고 할 수 없으며, 곧 주변에 시기와 질투로 가득 찬 사람들만 남게 될 것이다.

暴虎馮河 死而無悔者 吾不與也
포 호 빙 하 사 이 무 회 자 오 불 여 야

必也臨事而懼 好謀而成者也
필 야 림 사 이 구 호 모 이 성 자 야

맨손으로 호랑이에 맞서고 배가 없이 큰 강을 건너려 하면서도, 죽어도 후회 없다고 말하는 사람과는 함께하지 않을 것이다. 일을 함에 있어 두려워할 줄 알고 신중히 전략을 세워 성공하는 사람과 함께하고 싶다.

한마디 어느 날 제자 자로가 공자에게 군대를 통솔해야 한다면 누구와 함께할 것인지를 물었다. 사실 자로는 자신이 용맹하다는 자부심을 가지고 있었다. 그래서 공자가 다른 제자인 안연을 칭찬한 얘기를 듣고서는, 자신 또한 스승에게 칭찬을 받고자 자신 있는 주제를 슬며시 던진 것이었다. 하지만 공자는 위의 구절과 같이 답하면서 자로의 무모함을 지적했다고 한다. 용맹한 것과 무모한 것은 다르다. 일이 잘될 때는 자칫 무모한 행동을 하기 쉬우므로, 언제나 신중하게 행동할 수 있도록 신경 쓰자.

{68}

富與貴 是人之所欲也
부 여 귀 시 인 지 소 욕 야

不以其道 得之不處也
불 이 기 도 득 지 불 처 야

부와 귀한 지위는 사람들이 바라는 것이다. 하지만 올바른 방법으로 얻은 것이 아니라면 마땅히 취하지 말아야 한다.

한마디 부와 지위, 명성에 대한 욕망을 갖는 건 당연한 일이지만 그것을 위해 부당한 일을 해서는 안 된다. 결국은 자신을 망치게 된다.

朽木不可雕也 糞土之牆
후 목 불 가 조 야 분 토 지 장

不可杇也 於予與何誅
불 가 오 야 어 여 여 하 주

썩은 나무로는 조각을 할 수 없고, 거름흙으로 쌓은 담장은 손질할 수가 없으니, 내가 재여를 어찌 꾸짖을 수 있겠는가.

한마디 어느 날 낮잠을 자던 제자 재여에게 공자가 한 말이다. 평소 재여는 공자에게 자신이 학문에 매진하고 있다고 말해 왔지만, 말만 그럴싸하게 할 뿐 실제로는 게으름을 피웠다. 이에 공자가 실망하여 꾸짖은 것으로, "내가 예전에는 다른 사람의 말을 들으면 바로 믿었는데 재여 때문에 이것을 고치게 되었다"고 덧붙였다. 게으름을 피우려는 욕망이 불거져 나올 때는 공자의 이 따끔한 일침을 떠올려 보자.

君子有三戒
군 자 유 삼 계

少之時 血氣未定 戒之在色
소 지 시 혈 기 미 정 계 지 재 색

及其壯也 血氣方剛 戒之在鬪
급 기 장 야 혈 기 방 강 계 지 재 투

及其老也 血氣旣衰 戒之在得
급 기 로 야 혈 기 기 쇠 계 지 재 득

군자에게는 세 가지 경계할 일이 있다. 젊을 때는 혈기가 불안정하므로 정욕을 경계해야 하고, 장년기에는 혈기가 왕성해서 다른 사람들과 부딪히기 쉬우므로 싸움을 경계해야 한다. 노년이 되면 혈기가 쇠약해지니 물욕을 경계해야 한다.

한마디 연령대별로 경계해야 할 지점을 잘 일러 주고 있다. 30대의 경계 대상으로 정욕을 이야기하긴 했으나, 정확히는 그 원인인 혈기의 불안정함을 지적하는 것이다. 이는 충동적으로 움직이는 일이 없도록 하라는 의미이다.

已矣乎 吾未見好德如好色者也
이 의 호　오 미 견 호 덕 여 호 색 자 야

안타깝구나! 나는 여색을 좋아하듯 덕을 좋아하는 사람을
만난 적이 없다.

한마디 덕을 쌓는 것을 소홀히 하고 성에 대한 관심만 높은 세태
를 한탄하며 공자가 한 말이다. 성에 대한 관심은 본능적
욕구를 의미한다. 본능적 욕구나 욕망이 과해지는 것을
경계하지 않으면 한순간에 휩쓸리기 쉽다는 점을 잊지
말자.

不患無位 患所以立
불 환 무 위 　 환 소 이 립

지위가 없음을 한탄하지 말고 지위를 얻는 데 필요한 역량이 있는지를 걱정하라.

> **한마디** 30대는 자리를 잡고 기반을 쌓는 시기이다. 그러다 보니 욕망 또한 상대적으로 변할 수 있다. 주변 친구들이나 동기가 뭔가를 이뤄 나가는 듯이 보이면 돈과 지위에 대한 욕망이 급격히 커질 수 있지만, 마음이 조급해질수록 역효과를 부른다. 출세와 성공에 대한 욕망이 생길수록 바라는 위치나 지위에 걸맞은 실력을 쌓는 데 집중하자.

女爲君子儒 無爲小人儒
여 위 군 자 유 무 위 소 인 유

너는 군자다운 학자가 되어야지, 소인다운 학자가 되어선
안 된다.

한마디 공자가 제자 자하에게 한 말이다. 자하는 공자가 더불어
시를 말할 수 있다고 할 정도로 학문이 뛰어난 이였는데,
그러다 보니 자칫 인품을 다스리는 데 소홀할까 염려가
됐던 모양이다. 공자의 이 말은 자신의 인격을 연마하는
배움을 추구해야지, 지식을 자랑하고 남들에게 인정받기
위해 배움을 추구해서는 안 된다는 의미이다. 이는 일을
할 때도 마찬가지이다. 명성은 구하여 얻는 것이 아니다.

富而可求也 雖執鞭之士 吾亦爲之
부 이 가 구 야　수 집 편 지 사　오 역 위 지

如不可求 從吾所好
여 불 가 구　종 오 소 호

만약 부를 추구한다고 해서 될 수 있는 것이라면, 말채찍을 잡는 자의 일이라도 하겠다. 그러나 구하여 될 수 없다면, 내가 좋아하는 길을 나아가겠다.

한마디 적어도 부를 쌓고자 한다면 직업의 귀천을 가리지 말고 떳떳하게 돈을 벌 수 있는 일을 찾자. 만약 떳떳하지 못하게 돈을 버는 일이라면, 내가 하고 싶은 일을 하면서 맘 편히 사는 쪽을 선택하는 것이 더 의미 있는 일이다.

{75}

述而不作 信而好古 竊比於我老彭
술 이 부 작 신 이 호 고 절 비 어 아 노 팽

나는 옛 성인의 말씀을 전할 뿐 창작은 하지 않는다. 옛 성인을 믿고 고전을 소중히 여기는 것이니, 남몰래 나를 노팽에 견주어 본다.

한마디 은나라 때 노팽이라는 현자가 있어서 옛사람들의 말을 그대로 전수했다고 하는데, 공자는 이를 모범으로 삼았다. 선인들의 지혜가 응축되어 있는 고전을 교양의 주축으로 삼자.

生而知之者上也 學而知之者次也
생 이 지 지 자 상 야 학 이 지 지 자 차 야

困而學之又其次也 困而不學 民斯爲下矣
곤 이 학 지 우 기 차 야 곤 이 불 학 민 사 위 하 의

태어나면서 아는 사람이 최상이며 그다음은 배워서 이해하는 사람이다. 곤경에 부딪혀서야 마침내 배우는 사람은 그다음이며, 그래도 배우지 않는 사람은 최하이다.

한마디 태어나면서부터 아는 단계는 쉽사리 다가서기 힘드니, 우리가 할 수 있는 것은 배워서 이해하거나 곤경에 부딪혀서 배우는 단계일 것이다. 누구나 절박한 상황에 부딪히면 배우고자 한다. 일부러 그러한 상황을 만들어 학습 의욕을 유지하는 것도 한 가지 좋은 방법이다.

{77}

天何言哉 四時行焉 百物生焉 天何言哉
천 하 언 재 사 시 행 언 백 물 생 언 천 하 언 재

하늘이 무슨 말을 하더냐. 말하지 않아도 사계절이 순행하고 만물이 생겨난다. 하늘이 무슨 말을 하더냐.

한마디 하늘은 아무 말도 하지 않지만 그곳에 가르침이 있다. 때로는 자연과 함께할 때 책을 읽는 것보다 더 큰 깨달음과 교훈을 얻을 수 있으니, 자연의 소리에 귀를 기울여 보자.

{78}

溫故而知新 可以爲師矣
온 고 이 지 신 가 이 위 사 의

옛것을 익히고 이를 통해 새로운 것을 배우는 사람은 스승이 될 자격이 있다.

> **한마디** 기존의 지식을 줄줄 외우는 것만으로는 변화를 일으키기 힘들고, 기존의 것은 전혀 모른 채 새로운 지식을 좋아하기만 해서는 충분히 배웠다고 말할 수 없다. 급변하는 환경 속에서 살아남으려면 새로운 것을 계속 배워야 한다는 생각에 빠지기 쉬운데, 기존의 지식과 새로운 것을 잘 융합시켜서 내 것으로 소화해야 진짜 지식이다.

默而識之 學而不厭 誨人不倦
묵 이 지 지 학 이 불 염 회 인 불 권

何有於我哉
하 유 어 아 재

중요한 일을 묵묵히 마음에 새겨 기억한다. 계속해서 배우고 싫증 내지 않는다. 다른 사람을 가르치기를 지루해하지 않는다. 이런 일들이 나에게 무슨 문제가 되겠는가.

한마디 공자는 매일 밥을 먹듯이 배우고 가르쳤고, 이를 특별하거나 대단한 일로 의식하지 않았다. 어떤 일을 싫증 내지 않고 지속적으로 할 수 있으려면 생활 속에 습관으로 녹아들어야 한다. 뭔가를 배우고자 할 때, 우리는 이러한 경지를 목표로 두고 움직여야 한다.

年四十而見惡焉 其終也已
연사십이견오언 기종야이

마흔이 되어서도 사람들에게 미움만 받는다면 그 사람은
그것으로 끝이다.

> **한마디** 마흔은 덕이 완성되어야 할 시점인데 그때도 사람들에게
> 미움만 받는다면, 더 이상 뭘 해도 좋은 결과를 얻기가 힘
> 들다는 뜻이다. 마흔쯤 되면 그간의 배움과 경험을 통해
> 성과를 낼 때이므로, 매사에 흔들리지 않으려면 30대에
> 배우는 습관을 확실히 길러 둬야 한다.

小子何莫學夫詩 詩可以興
소 자 하 막 학 부 시   시 가 이 흥

可以觀 可以羣
가 이 관   가 이 군

可以怨 邇之事父 遠之事君
가 이 원   이 지 사 부   원 지 사 군

多識於鳥獸草木之名
다 식 어 조 수 초 목 지 명

너희들은 어찌하여 '시'를 배우지 않는가. 시는 감흥을 높이고 사물을 보는 안목을 길러 준다. 사람들과 어우러져 살아갈 수 있도록 해 주며 원망스러운 일이 있어도 분노하지 않고 해결하게끔 한다. 가까이는 어버이를 섬기고 멀리는 군주를 섬기는 데 도움이 되며, 또한 새와 짐승, 풀과 나무의 이름을 많이 알게 된다.

한마디 공자는 《시경》을 편찬했을 만큼, 시를 중요하게 여겼다. 머리가 복잡할 때는 시를 읽어 보도록 하자.

{82}

衆惡之 必察焉 衆好之 必察焉
중 오 지 필 찰 언 중 호 지 필 찰 언

세상의 많은 사람이 미워하더라도 반드시 살펴보고, 세상의 많은 사람이 좋아하더라도 반드시 살펴본다.

한마디 소셜 네트워크가 일상이 된 지금, 한 가지 정보에 우르르 휩쓸리는 사람들이 너무 많다. 이 자체도 문제지만 리더의 위치에 있는 사람이 뜬소문에 현혹되는 것은 매우 큰 문제다. 그 어떤 일이든 증거를 확보해 판단하는 것이 중요하다.

見利思義 見危授命 久要不忘平生之言
견 리 사 의　견 위 수 명　구 요 불 망 평 생 지 언

亦可以爲成人矣
역 가 이 위 성 인 의

이익이 눈앞에 있어도 도의를 최우선으로 생각하고, 위기에 처했을 때 한목숨 바치며, 옛 약속을 잊지 않고 지킨다면, 이를 성인成人이라 할 수 있다.

한마디 공자가 이야기하는 성인이란 인격이 완성된 사람을 말한다. 성인이 되려고 노력하는 길은 곧 좋은 리더가 되기 위한 정도이기도 하다. 공사를 잘 구별해 판단하고 위급한 일이 있을 때 먼저 나서며 자신이 뱉은 말을 지키려고 노력하는 것이야말로 리더의 조건이다.

子 溫而厲 威而不猛 恭而安
자 온이려 위이불맹 공이안

공자는 온화하면서도 엄격하고, 위엄이 있으면서도 사납지 않으며, 예의 바르면서도 편안한 사람이다.

한마디 제자 중 하나가 공자에 대해 평한 말이다. 보통은 온화하면 만만해 보이기 쉽고 위엄이 있으면 어렵게 느껴지기 쉬운데, 공자는 인간적으로는 편안하면서도 스승으로서는 카리스마 있는 이미지를 잘 유지했던 것 같다. 리더가 되려면 인격적인 중용, 즉 균형감이 반드시 필요하다. 이는 인품뿐만 아니라 일을 처리하는 방식이나 사람을 대할 때도 마찬가지다.

君子和而不同 小人同而不和
군 자 화 이 부 동　소 인 동 이 불 화

군자는 다른 사람과 화합하나 무리를 지어 휩쓸리지 않는다. 반면에 소인은 무리를 지어 휩쓸리며 화합하지 못한다.

> **한마디** 인기를 끌기 위해서 무조건 남들의 뜻에 맞춰 주는 것은 당장은 사람을 모을 수 있을지 몰라도 나중에는 인간관계를 힘들게 만든다. 특히 리더라면 팀원이나 조직원들과 뜻이 다르더라도 자신의 신념을 밀고 나가야 할 때가 분명 있다. 견문과 학식이 있는 리더는 팀워크를 중요시하기는 하지만 줏대 없이 부화뇌동하지 않는다.

君子 矜而不爭 羣而不黨
군 자 긍 이 부 쟁 군 이 부 당

군자는 엄격하지만 다른 사람과 다투지 않고 무리를 지으
나 파벌을 만들지 않는다.

한마디 다른 사람과 두루 어울리는 것과 파벌을 만드는 것은 다
르다. 파벌은 이해관계나 사적인 친분에 얽힌 집단이며,
뜻이 다른 사람을 배척하는 폐쇄성을 지닌다. 리더의 필
수 덕목 중 하나가 공정함이다. 자신의 이익이나 기분, 친
분 등에 의해 따르는 사람들을 충동질하거나 차별해서는
안 된다.

子絕四 毋意 毋必 毋固 毋我
자 절 사 무 의 무 필 무 고 무 아

공자에게는 네 가지가 없다. 사사로운 뜻이 없고, 무조건
해야 한다는 고집이 없으며, 한 가지 일에 집착함이 없고,
자신만을 내세우는 이기심이 없다.

한마디 위 구절과 반대되는 사람은 한마디로 독단적인 사람이라
할 수 있을 것이다. 앞서 주변에 휘둘리지 말고 자신의 신
념을 지켜 나가야 한다고 말한 바 있는데, 올바른 신념과
남의 의견을 귀담아듣지 않는 고집을 구별할 필요가 있
다. 그러려면 항상 마음과 머리를 유연하게 해야 한다.

{88}

巧言亂德 小不忍 則亂大謀
교 언 난 덕 소 불 인 즉 난 대 모

교묘하게 꾸민 말은 덕을 어지럽히고, 작은 일을 참지 못
하면 큰일을 그르친다.

한마디 어느 정도 지위에 오르면 별일 아닌 것도 크게 부풀려 남
을 깎아내리거나 그럴싸한 말로 자신의 공을 세우려는
사람들이 늘어난다. 그런 말들에 일희일비하면서 휘둘리
다 보면 큰일을 그르치게 된다. 리더는 침착한 자세로 매
사에 임해야 하며 사소한 일에 휘둘려서는 안 된다.

擧直錯諸枉 能使枉者直
거 직 조 저 왕 능 사 왕 자 직

정직한 사람을 뽑아 윗자리에 두면 마음이 비뚤어진 자도
곧게 된다.

> **한마디** 공자의 제자 번지가 '인仁'이 어떤 건지 묻자 공자는 사람
> 을 사랑하는 것이라고 답했다. 그다음 번지가 '지智'가 무
> 엇인지를 묻자 공자는 사람을 아는 것이라고 답했다. 하
> 지만 번지는 공자의 말을 이해하지 못했다. 위의 구절은
> 공자가 다시 한번 인과 지에 대해 설명하기 위해 이야기
> 한 말로, 정직한 사람을 뽑는 것이 '지'라면 그런 사람을
> 위에 두어 비뚤어진 자를 곧게 만드는 것이 '인'이라는 의
> 미다. 리더는 부하직원의 능력이 부족하거나 문제가 있
> 더라도 잘 이끌어 함께하려고 해야 한다.

先有司 赦小過 擧賢才
선 유 사　사 소 과　거 현 재

먼저 실무자에게 본을 보여라. 작은 허물은 용서하고 현명한
자를 등용해야 한다.

> **한마디** '유사'는 고대 중국에서 실무를 담당하던 관리를 일컫는
> 말이다. 그래서 공자는 '선유사'라는 말을 통해 실무자에
> 게 먼저 본을 보이는 게 중요함을 강조하고 있다. 또한
> '선유사'에는 한 가지 뜻이 더 있는데, 실무자에게 먼저
> 맡겨라, 즉 적재적소에 실무자를 배치해서 일을 잘 나눠
> 주라는 의미로도 해석이 가능하다. 솔선수범과 용병술
> 모두 리더에게 꼭 필요한 자질일 것이다.

民無信不立
민 무 신 불 립

백성에게 신뢰가 없다면 바로 설 수 없다.

> **한마디** 정치가가 갖춰야 할 마음가짐에 대해 물었을 때 공자가
> 한 말이다. 공자는 군대나 식량보다도 '신뢰'가 중요하다
> 고 했다. 여기서의 신뢰란 언행일치를 의미한다. 말만 앞
> 세우는 리더는 신뢰를 잃고 만다.

君子有九思 視思明 聽思聰 色思溫
군자유구사 시사명 청사총 색사온

貌思恭 言思忠 事思敬 疑思問
모사공 언사충 사사경 의사문

忿思難 見得思義
분사난 견득사의

군자에게는 생각해야 할 아홉 가지가 있다. 볼 때는 정확하게 보고 들을 때는 빠짐없이 듣는다. 얼굴빛은 온화하게 하며 태도는 공손히 해야 한다. 말을 할 때는 진실되게 하고 일에 임할 때는 책임감 있게 한다. 의문이 드는 때는 물어봐서 의문을 남기지 않는다. 화가 날 때는 이후 어려운 일이 생기지 않도록 해야 하며, 눈앞에 이득을 두고는 공정한 도의를 생각해야 한다.

한마디 리더가 갖추어야 할 행동 지침을 완벽히 정리한 말이 아닐 수 없다. 이중 자신에게 가장 부족하다고 여겨지는 것을 골라 집중적으로 실천해 보자.

有君子之道四焉
유 군 자 지 도 사 언

其行己也恭　其事上也敬
기 행 기 야 공 　기 사 상 야 경

其養民也惠　其使民也義
기 양 민 야 혜 　기 사 민 야 의

군자의 도가 네 가지 있으니, 행동이 공손하고 윗사람에게 공경을 다하며 백성에게 온정을 베풀고 다스릴 때는 의로웠다.

한마디 이 구절은 공자가 정나라 명재상 자산에 대해 평한 말이다. 군자의 도를 현대로 바꿔 말하면 비즈니스 리더에게 필요한 네 가지 덕목이라고 할 수 있다. 백성을 후배나 팀원에 대입시켜 보자. 베풀면서도 공정해야 함을 기억해야 한다.

{94}

子以四教 文行忠信
자 이 사 교　문 행 충 신

공자는 문文, 행行, 충忠, 신信, 이 네 마디로 가르쳤다.

※ 문文은 학문을 배우는 일, 행行은 배운 것을 실천하는 일,
충忠은 사람을 진실하게 대하는 일, 신信은 거짓 없이 사는
일을 뜻한다.

한마디 이 네 가지 덕목을 인생을 살아가는 데 중요한 지침으로
　　　삼으면 어떨까.

{95}

苟有用我者 期月而已可也 三年有成
구유용아자 기월이이가야 삼년유성

만약 누군가 내게 나라를 다스리게 한다면, 1년이면 웬만큼
괜찮아질 것이고, 3년이면 훌륭한 성과가 있을 것이다.

> **한마디** 공자는 2500년이 지난 지금까지도 그 가르침이 생생히
> 살아 있는 스승이지만, 당대는 자신의 뜻을 제대로 펼칠
> 기회를 갖지 못했다. 그렇게 아무도 자신을 등용해 주지
> 않는 현실 앞에서 공자가 자신의 포부를 밝히며 한 말이
> 다. 지금 당장은 아무도 나를 알아주지 않더라도, 끝까지
> 조급해하지 말자.

不曰堅乎 磨而不磷
불 왈 견 호 마 이 불 린

不曰白乎 涅而不緇
불 왈 백 호 날 이 불 치

吾豈匏瓜也哉 焉能繫而不食
오 기 포 과 야 재 언 능 계 이 불 식

갈아도 얇아지지 않는다면 단단하다고 할 수 있지 않겠는가. 검게 물들여도 검어지지 않는다면 희다고 말할 수 있지 않겠는가. 어찌 내가 조롱박처럼 한 곳에 매달린 채 먹지 않고 있겠는가.

한마디 모반을 통해 권력을 잡은 필힐이란 사람이 같이 정치를 하자며 공자를 불렀다. 제자 자로는 악한 짓을 한 사람 집에 왜 가려고 하냐며 스승을 말렸는데, 위 구절은 그에 대한 공자의 대답이다. 덕이 높은 군자는 주변의 환경에 영향받지 않고 단단히 중심을 세울 수 있다는 의미다.

克己復禮爲仁 一日克己復禮
극 기 복 례 위 인 일 일 극 기 복 례

자신의 사욕을 이기고 예禮로 돌아가는 것이 바로 인仁이니, 하루라도 그것을 실천할 수 있으면 세상이 인에 눈 뜰 것이다.

> **한마디** 욕심이나 충동 등을 억누르고 예의를 지키며 살면, 세상이 바뀐다는 의미다. 부정적인 마음에 휘둘리지 않고 나 자신을 잘 다스리는 것은 가장 기본적인 삶의 자세다.

吾少也賤 故多能鄙事
오 소 야 천   고 다 능 비 사

나는 젊은 시절 미천했기에 잡다한 일들을 할 줄 알게 되었다.

한마디 공자는 여러 가지를 하는 것보다 큰일 하나를 제대로 해내는 것이 군자의 덕이라 보았다. 그래서 '어찌 그리 다재다능한가, 그야말로 성인이 아닌가' 하고 치켜세우는 말을 듣고 위와 같이 겸양의 말을 한 것인데, 한편으로는 어렵고 힘든 상황에서도 끊임없이 배우고자 했던 공자의 의지와 열정을 다시 한번 느낄 수 있는 대목이 아닌가 싶다. 인생에 쓸모없는 일은 하나도 없으며, 삶을 대하는 자세의 차이가 서로 다른 결과를 이끌어 낸다.

君子之於天下也
군 자 지 어 천 하 야

無適也 無莫也 義之與比
무 적 야 무 막 야 의 지 여 비

군자는 세상의 일에 임할 때 '좋다' 혹은 '좋지 않다'고 단정 짓지 않는다. 다만 의義를 따를 뿐이다.

 좋고 싫음으로 단정 짓지 않는다는 것은 선입견이나 사사로운 감정을 가지고 판단하지 않는다는 것이다. 반드시 그래야 한다는 것도 없고 결코 안 되는 것도 없다. 언제나 공과 사를 구별하고 이치에 맞는지 아닌지를 따지는 것이 중요할 뿐이다. 이런 마음으로 살아가다 보면, 작은 것에 얽매이지 않고 좀 더 넓은 눈으로 세상을 바라볼 수 있게 된다.

見義不爲 無勇也
견 의 불 위 무 용 야

의로운 것을 보고도 행하지 않는다면 이는 용기가 없는 것이다.

한마디 한 사람 한 사람의 마음가짐이 모여 바른 사회를 이룬다. 차세대를 위해서도 우선 자신이 솔선해서 인을 실천해 보자.

저자 후기

2500년을 뛰어넘는 귀중한 조언들

30대에게 《논어》는 공자의 제자가 된 마음으로 읽어 보면 아주 좋은 책이다. 공자의 제자라고 해서 어린 소년들은 아니었다. 모두 어른이며 직업을 가진 인물도 많다. 그중에는 공자와 함께 생활한 제자도 있고, 문하생으로서 때때로 가르침을 받은 사람도 있다.

공자(기원전 551년~기원전 479년)는 노나라에서 태어났다. 때는 춘추전국시대, 신하가 왕을 암살하고 그 지위를 빼앗는 일이 횡행하던 시대였다. 그런 시대에 공자는 인의仁義로 대표되는 덕德을 지닌 군주, 그런 군주가 다스리는 덕치德治정치를 설파했다. 공자는 사상가이면서 동시에 평생 동안 이상적인 정치를 실천하는 정치가였다.

하지만 고국 노나라에서 한때 활약한 이후로 어쩔 수 없이 14년이라는 긴 망명 생활을 보내게 된다. 그 방랑 생활을 하는 동안에 《논어》의 주옥같은 명언이 탄생했다. 공자의 제자들은 공자와 함께 생활하면서 공자의 말씀을 기록하여 후대에 전했다.

30대가 《논어》의 말을 접할 때는 이 방랑하는 대사상가가 온몸으로 발하는 귀중한 인생의 조언을 마음에 새기길 바란다. 공자의 말에는 감정이 깃들어 있다. 곳곳에서 제자들에 대한 애정이 넘쳐 흐른다. 그렇게 자신이 받은 선물로써 공자의 말을 음미할 때, 30대라는 인생의 척추에 해당하는 시기를 살아가는 버팀목이 될 것이다. 2500년의 세월을 뛰어넘어 자신의 인생을 지탱해 주는 말로써 이 책에 실린 명언을 마음에 새기도록 하자.

사이토 다카시

30대를 위한 논어

"비유컨대 이는 산을 쌓는 것과 같다.
마지막 한 삼태기의 흙을 붓지 못하고 멈추더라도
그것은 내가 멈춘 것이다.
이는 또한 땅을 고르는 일과도 같다.
비록 한 삼태기의 흙을 땅에 부었더라도,
나아감은 내가 나아간 것이다."

30대를 위한 논어

1판 1쇄 인쇄 2024년 1월 10일
1판 1쇄 발행 2024년 1월 20일

지은이 사이토 다카시
옮긴이 김윤경

발행인 황민호
본부장 박정훈
기획편집 강경양 김사라
마케팅 조안나 이유진 이나경
국제판권 이주은 조연희
제작 최택순

발행처 대원씨아이㈜
주소 서울특별시 용산구 한강대로15길 9-12
전화 (02)2071-2017
팩스 (02)749-2105
등록 제3-563호
등록일자 1992년 5월 11일

ISBN 979-11-7172-498-7 (04140)
      979-11-7172-000-2 (세트)